幼儿园教师
必读丛书

Observing Children
A Practical Guide
(Third Edition)

观察儿童

实践操作指南（第三版）

原著◎ Carole Sharman　Wendy Cross　Diana Vennis
翻译◎单敏月　王晓平

华东师范大学出版社
·上海·

图书在版编目(CIP)数据

观察儿童:实践操作指南:第3版/(英)莎曼等著;单敏月,王
晓平译.—上海:华东师范大学出版社,2008
(幼儿园教师必读丛书)
ISBN 978-7-5617-6007-9

Ⅰ.观… Ⅱ.①莎…②单…③王… Ⅲ.儿童教育-研究
Ⅳ.G61

中国版本图书馆 CIP 数据核字(2008)第 054715 号

Observing Children:A Practical Guide,3rd Edition
By Carole Sharman,Wendy Cross and Diana Vennis

上海市版权局著作权合同登记 图字:09-2007-164 号

幼儿园教师必读丛书

观察儿童
——实践操作指南(第三版)

撰　著　Carole Sharman,Wendy Cross & Diana Vennis
译　者　单敏月　王晓平
责任编辑　刘　佳
审读编辑　温　暖
责任校对　王丽平
装帧设计　卢晓红

出版发行　**华东师范大学出版社**
社　址　上海市中山北路 3663 号　邮编 200062
电话总机　021-62450163 转各部门　行政传真 021-62572105
客服电话　021-62865537(兼传真)
门市(邮购)电话　021-62869887
门市地址　上海市中山北路 3663 号华东师范大学校内先锋路口
网　址　www.ecnupress.com.cn

印刷者　浙江临安曙光印务有限公司
开　本　787 毫米×1092 毫米　1/16
印　张　11
字　数　159 千字
版　次　2008 年 8 月第一版
印　次　2025 年 1 月第 30 次
书　号　ISBN 978-7-5617-6007-9/G·3478
定　价　48.00 元

出版人　王　焰

(如发现本版图书有印订质量问题,请寄回本社客服中心调换或电话 021-62865537 联系)

目录

前　言 ·· 1

导　论 ·· 1

致　谢 ·· 1

第1章　为什么要观察? ······················ 1

第2章　一步步教你如何呈现观察 ··········· 16

第3章　试验观察技术 ·························· 38

第4章　拓展和运用观察 ······················ 86

第5章　将观察和评价与基础阶段的早期学习目标联系起来 ····· 105

第6章　协助课程开发、促进儿童发展的各种活动 ··········· 115

第7章　发展的里程碑:从出生到8岁 ··········· 132

参考文献 ·· 162

推荐读物 ·· 164

本书适合所有对0～8岁儿童感兴趣的人阅读。我们创作这本书的初衷是鼓励照料婴幼儿的工作者乐于观察儿童，并通过观察和记录儿童的成长情况进而满足儿童的需要；而这样做也会使照料婴幼儿的工作者在规划自身未来的专业发展时，能更清楚自己需要学习和完善的方面。

本书并不是为某个学习课程或某类工作岗位撰写的，与它们并无直接联系，但在行文中论及发展领域时，本书确实考虑了早期学习目标。而且本书还考虑了英国国家职业资格等级三中有关"婴幼儿早期养育和教育"的内容中规定的以及新版《婴幼儿早期教养规程》（DEYP）中提出的职业标准，因为这两者规定的工作范围有相当大一部分与观察有关联，如：要观察1～7岁的儿童，在为评价准备的观察记录中要囊括各种记录方法，观察的内容应涵盖不同情景中身体的、智力的、社会性的、情绪的行为模式与互动。

观察记录是一种证据形式，无论是国家职业资格认证体系要求你这么做，还是因为你工作单位的记录体系要求你这么做，有一点是肯定的：通过呈现出观察记录，你将展示出你在儿童发展方面的丰富知识，以及构成各种不同类型的观察需遵循的原则和方法。而作为记录的一种方式，你还要考虑到不同记录方法各自的优点、缺点以及可能的偏差。

怎样使用本书？

我们相信这本书会是你职业培训和工作中极具参考价值的一项资源。如果你从未作过观察，不确定怎样开始一次观察，那么你按照本书的章节顺序通读一遍定会让你获益匪浅。这些章节的内容在安排上步步深入，旨在带你逐渐掌握观察实施的全过程。观察的例子在书中的呈现相当惹眼，这是为了让你查找起来更方便；书中还有许多具体的练习活动，完成它们会让你更好地建构起你的观察技术和知识体系。

导论

对父母亲来说，观察孩子的一举一动，倾听孩子的呢喃细语，是他们最喜欢的一种休闲方式。很多父母说他们至少有半天"浪费"在震惊于孩子能做些什么事上。

作为未来的儿童养育者和教育者，你或许已经明白观察儿童绝对不是一件浪费时间的事情。因为通过观察，你会了解儿童当前达到了什么发展阶段，而后你能将他们的进步与这一年龄段群体应当达到的水平范围作比较，从而设计能引导他们继续向前发展的各种活动。观察也会提醒你注意落后于或是大大超前于正常水平的儿童的需要，这样你就可以密切注意孩子们的状态，或是在必要时寻求适当的专业帮助，以满足不同儿童的需要。观察，会让你快乐地体味每个儿童的独特之处。

监测儿童发展进程的一种方式是研究儿童发展的各个阶段，而后投入你的全部时间去看、去听，看儿童是否达到了该阶段所要求的水平。显而易见，这种方式在工作实践中是难以操作的、不切合实际的。作为一个专业的儿童养育者和教育者，在实践中你将对儿童让人担忧的那些行为保持警惕。这需要判断力。作为这一领域的学习者，你需要掌握一些工具来帮助你今后有根据地作出这类判断。

要监测儿童的发展进程，并将儿童的发展情况与你所知晓的儿童发展和成熟的形式相比较，最恰当的方法就是进行儿童观察。本书的第一个目标是让你熟知观察儿童的全过程，并让你有信心成为一个技能娴熟的操作者。

在第1章，我们将详细解释我们为什么要观察，并介绍几种记录观察的方法。行文中我们鼓励你多考虑儿童的需要和他们各不相同的已有经验。其中有一节讲述的是你可能需要观察的技能，这样安排是因为本书的主要功用之一是强调儿童观察法的积极方面。

第2章带你一览书面/叙事性观察记录下来的各个步骤,同时也会给你提供大量的自我实践的机会。第3章更全面地介绍各种观察法,并给出了许多的例子,之后,罗列了一些目的和目标,以便于你决定采取最恰当的模式来记录观察。第4章更详尽地回顾了记录观察的益处,以及观察之于儿童的重要意义。第5章讨论的是怎样培养将观察与早期学习目标(ELG)相联系的能力,也讨论了怎样运用记录和观察来帮助做好未来课程的规划。第6章对各个发展性领域分别作了介绍,并列举了一些与早期学习目标的标准有关的活动,这些应该在你想拓展儿童的经验时对你有所帮助。本章也讨论了与有特殊需要的儿童相处时,观察的重要性。第7章概括地描述了儿童的发展阶段,供你需要参考时查阅,但你要切记,你所面对的儿童都具有各不相同的社会性和文化经验,第7章只是提供一个指导方针。

在所有的儿童养育和教育课程中,观察都是必不可少的一部分。同时,观察也是一个欲取得"婴幼儿早期养育与教育"的国家职业资格的申请人显示自身职业能力的重要证明材料之一。而这部分材料通常是申请人颇为头痛的。本书将帮助你得心应手地处理这一难题。本书的第二个目的是让你明了观察的价值所在:观察会让你的工作产生变化,而且观察开展起来真的会很有趣味。

现在,你先看看下面给出的图片并想一想它告诉你些什么,在你读完这本书并做好书中给出的练习活动后,你再回过头来看下面这幅图片。那时你应该会想到更多的东西。

图　一间典型的幼儿看护教室

致谢

作为作者,我们要感谢海布瑞学院*护理系学生给出的各种想法,同时也万分感谢朴茨茅斯(Portsmouth)地区的幼儿看护机构和托幼机构,以及斯特里塞姆(Streatham)地区的"早期学习者"机构,感谢他们允许我们观察里面的儿童和拍照。

非常感谢我们照片中的孩子们的父母,感谢你们同意我们使用这些照片。感谢 Carole Sharman 拍摄了所有这些照片。

我们对"早期学习目标"进行概括后在本书的论述中加以使用,这获得了 QCA(英国的资格及课程授权署)的允许,我们也表示感谢。

---

* 海布瑞学院(Highbury college):海布瑞学院是英国最大的继续教育学院之一,始建于1963 年,坐落在海滨城市朴茨茅斯市。校内的学科范围十分广泛。朴茨茅斯集传统的海事中心、海滨圣地、购物中心、娱乐场所于一体,距离伦敦不远。——译者注

第1章 为什么要观察?

在读完本章之后,你将找到下面这些问题的答案:

我们为什么要观察儿童?

我们怎样观察他们?

"观察太枯燥了。"

"我会做观察,但是我不会作分析评论,总是一句话也说不出。"

"我觉得要弄明白该写些什么是件很困难的事情。"

"要在同一时间一边观察儿童一边写下观察到的东西,实在难以做到。"

"为什么我们非要观察呢?"

上述这些言论来自一部分幼儿看护专业的学生,当问及他们对于观察儿童一事作何感想时,他们如是回答。下面给出的是一些父母对于他们孩子的一些评价:

"我很想知道他为什么这样做。"

"为什么她不明白我想要她做的是什么呢?"

"他很淘气,他不乐意和别人分享玩具。"

"大人走开几分钟,让她一个人呆一小会儿都不行,真是令人头疼!"

"他想自己吃饭,结果弄得一塌糊涂,让我实在无法容忍,所以我不让他自己动手。"

通过学习更多儿童发展的知识和观察儿童做些什么,学生和父母都会对儿童为什么做某些事情,什么时候可能会做些什么事情有更多的了解。而没有相关的知识,我们不知道儿童想要告诉我们的东西,就会误解儿童的行为,而这无疑会给大家的生活都带来困扰。

每个儿童都有其自身独特的发展速度。遗传因素和环境因素都会影响儿童发展的步调,不过,所有儿童在总体上都遵循共同的发展序列。迄今,有许多研究者研究儿童的发展过程,他们的研究结果被收入许多的著作及文献中,你可以将这些知识作为你学习内容的一部分。那么,我们要观察儿童的重要原因之一,就是要看看他们的发展是否遵循了一般的发展模式。观察是在实践中检验你所学理论知识的重要工具。作为评估手段的直接观察,具有四个关键特征:

行为可以在自然的情境中观察到。

行为发生的时候,可以被记录下来或编码。

记录行为的观察者是客观的、无偏向的。

行为用清晰、明确的术语来描述,无须或几乎不需要观察者的介入。

(Michael Ramsay et al.,2002)

由上可知,作者一再强调观察者要尽可能地不引人注目,以免干扰或改变被观察者的行为;有可能发生的观察应该在多样化的情境中展开,以此来判断观察到的行为是否更有可能发生在某种特定的条件下。

儿童的发展通常可以划分成四大块:身体动作的(粗大的和精细的运动技能),智力的(认知),语言,以及社会性和情绪情感。(第7章将对此进行更详尽的论述。)

要观察,通常要先对你感兴趣的范围进行界定,并在观察的目的和目标中陈述清楚。第2章将就这一内容展开介绍。

在继续深入探讨观察的有关问题之前,有必要检查一下当前你对"我们为什么要开展观察"这一问题的理解与想法。

Activity

活动

不要翻看前面的绪论部分,写下你对下面这些问题的回答:

> *1. 我们为什么要观察儿童？*
>
> *2. 我们能看到什么？*
>
> *3. 通过观察儿童，我们能了解什么？*
>
> *4. 通过观察儿童，我们怎样帮助他们？*
>
> *在本章结束的时候，我们会再度讨论这些问题，那时，你可以将你的回答与我们给出的建议作个比较。*

明确了观察是一种能够帮助你了解你所照料的孩子、让孩子受益的工具，我们需要看一看开展观察和记录观察结果的一些最佳的方式。

这里有两个要点

1. 单独一次观察仿佛用照相机拍一张照片，虽然照相机不会说谎，但它有可能歪曲事实。我们不能根据单一的一次观察来评判一个儿童。我们可以对一个问题加以重视，但要多关注一段时间，以便得出有根据的结论。

2. 我们进行观察这一举动本身，会使儿童的行为方式发生改变。他/她可能会变得拘谨或有点尴尬，也有可能表现得特别美好。你可以做个试验：带一台照相机和一台录音机到工作场所，当你要记录下"正常"的工作情况时，看看人们有些怎样的反应。

如果你记住了这两点，那么你就能够让你的观察发挥出最大的作用，你也会选取最适当的观察手段。研究者们通常用录像来记录儿童的行为，这样他们可以反复回放，将儿童的反应看个仔细。在观察婴儿时尤为如此，毫无疑问你已经在电视上看到过这样的结果。或许你有能力做这样的观察，但现在我们关注的是更为常用的方法，即书面记录观察结果。选择什么样的观察方法，通常取决于时间单位（timescale）以及你想发现什么。

我们将在下文讨论以下几个方面：

观察方法；

儿童的需要和经验；

你可能需要的观察技能。

观察方法

观察的展开可以有许多的形式,这里给出的例子旨在让你对如何记录一些观察情况有所了解。下面,我们将逐一阐述所有你能运用的观察方法,以及它们的适用范围,在后续的章节中,我们将探索展开观察的步骤和方法。

1. 叙事/自由描述

叙事/自由描述很可能是你一开始就会用的观察方法,即观察单个儿童或一群儿童,并记录下你所看到的情境。这就要求你安静地坐着,尽可能地不引起丝毫的注意。要记得,你若与儿童互动,他们的行为就会受到影响。要让儿童不和你说话,一个有用的方法就是避免和他们有视线接触。如果他们意识到你在写东西,那你可以说你在做作业。

书写观察需要一段时间。你在写的时候应该用现在时态,因为你是在情况发生的时候记录下来的;虽然你要描述当时周围发生的所有情况,以此来设定情景,但最重要的是,你要记住你的重心是你正在观察的儿童。

下面是一个例子,你可以从中了解怎样记录。

观察

环境 *小班的"娃娃家"*

Carl套上一件白色的长袍,戴上一对兔子耳朵后开始跳来跳去。John在电话机旁边坐下来,而后又站起来向碗橱走去。他拿出了两个碗,把它们放在地板上,然后走过去把Carl叫过来。他把Carl带到碗前面并让Carl蹲下来。

"把它们吃光,小兔子。"

> Carl 蹲下来假装吃东西。John 开始发出"叮铃铃……"的声音。他跑到电话机旁,拿起听筒倾听。
>
> "姨妈要来看我们。"
>
> Carl 似乎没有听到这句话,但一分钟后他站了起来,走到化妆箱前,拿出了一条裙子套在兔子的全套服装外面。他向 John 走去,并用短促、尖细的声音说:"嗨,我来看你们了。"
>
> John 看着 Carl,接着离开了"娃娃家",走到做手工的桌子那里。

2. 检查清单/预编码类

检查清单可用于记录单个儿童或儿童团体的活动。检查清单法与叙事/书写的观察不同,后者只要求你将看到的写下来,而前者要求你预先做好准备工作,先考虑清楚你想从儿童身上揭示些什么。检查清单法在学校中应用得较多,通常被用来记录学生的进步。教师因此可以了解单个学生的需要,以此来开发相应的课程。现代多数的课堂教学都允许儿童有一定的自由可以自己安排学习活动,这时,记录他们的学习成就就显得必不可少了。这里需要指出的是,我们记录的是儿童的成就,而不是他们没能做到某事。当然,我们在这样做时可以识别出儿童的需要。

表 1.1 是用检查清单法在托儿所进行群体观察的一个例子。

表 1.1　检查清单的例子

活　　动	Sam	Liam	Susan	Shanaz	William
单脚站立 3 秒	✓	✓	✓	✓	✕
在固定地方双脚跳	✓	✓	✓	✓	✓
单脚跳	✕	✕	✓	✕	✓
踢球	✓	✓	✓	✓	✓
抓住大皮球	✕	✓	✕	✓	✓
骑三轮脚踏车	✓	✓	✓	✓	✓

注意：儿童可能无法在一天内完成清单上的内容，也可能不是按给出顺序完成的。这些都不要紧。而且，越是年幼的儿童，越不可能做到"按指令做"。如果你把这一评价活动以游戏的形式呈现，你会得到更为真实的结果。

3. 时间抽样/结构化描述

正如标题所述，这类观察法是指在整个时间段内每隔一段时间做一次记录，其记录形式就由这样一系列的书面记录构成。观察之间的间隔及每次观察的时间长度，通常根据整个记录的时间安排来决定，而完整的观察记录时间通常取决于你开展观察的主要理由。比如，如果你想发现一个儿童是否能够在听故事时间里集中注意力，你可以计划每分钟看一下这个儿童，并记录下她在做什么。记录可以是这个样子的：

观察

上午 10:01　安静地坐着，看着老师。

上午 10:02　专心地看着老师呈现给大家看的图片。

上午 10:03　向上拉她的袜子，并把袜头部分小心地翻下来。

上午 10:04　老师叫她名字的时候，她回应了。

上午 10:05　在老师针对故事内容提问的时候，她举手发言。

……

如果一个儿童具有攻击性，或表现出不太合群，你可能需要观察一个上午甚至一整天。这个时候，你的观察间隔可以定为20～30分钟。你的观察记录可能是这样的：

观察

上午 9:00　进入教室，回头看站在门口的妈妈。老师和他说话,他走进教室并坐在地板上。另一个儿童和他说话,他没有作出反应。

上午 9:30　与一组儿童(6 个)一起做数数活动。一个儿童要求他递一个铅笔盒,他没有反应。对方提高声音再次要求,他把铅笔盒推到桌子对面,但没有任何视线接触。

上午 10:00　他在另一个儿童旁边画了一幅画,看了旁边儿童的图画几眼,并稍微向该儿童靠近。

教师靠近他:"真是有趣的图画,你能告诉我你画的是什么吗?"他微笑,但没有说话。

"是辆公交车吗?"他点头,没有说话。

上午 10:30　户外活动时,他站在操场的墙边。然后他慢慢挪动,站到带户外活动的老师旁边,但没有说话。一个儿童踢了一个球到他面前,他踢了它一脚,并跟在后面走了几步。

儿童问他:"你想玩儿吗?"

他点头,加入游戏,但没有再说话。

......

4. 追踪/结构化描述

追踪观察法是追踪一个儿童很长一段时间,观察其去哪些地方,做些什么。观察结果的记录可以是描述性的叙述,也可以用图表将结果表示出来。你在实施该观察法之前,应该预先规划好观察儿童的场地,如婴儿室、教室或户外活动场地。最显而易见的运用通常是记录一个儿童在自由活动时间从事哪些活动。这种观察记录会让你了解他/她是专注于一项活动,还是不停地换活动。你也可以用这种方法来记录某个儿童在某个时刻的各种社会性交往活动。

这一观察法的记录可以是图 1.1 所示的那样:

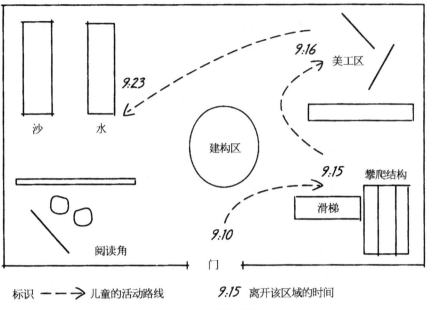

标识 ━ ━ ━➤ 儿童的活动路线　　　　*9:15* 离开该区域的时间

图 1.1　追踪观察

5. 饼图和直方图/结构化描述

　　饼图和直方图是一种非常有用的记录方式,它以图形来表示对全班儿童的观察结果。比如,你想要了解有多少儿童掌握了接球之类的动作技能,那你可以设计一项活动,在这项活动中你从 5 英尺远的地方把球抛向儿童。你的记录将告诉你,在 3 次接球游戏中,有多少儿童接住了 3 次,多少接住了 2 次,多少接住了 1 次,以及多少儿童 1 次也没有接住。如果你的结果显示孩子们对这个活动感到困难,那么或许你可以引入一些可以练习这项技能的其他活动,并重复观察这些活动。图 1.2 给出的就是这类数据。

　　这些方法在收集关于儿童的信息时有许多用处,而且,它们还可以用来为婴儿室、教室或户外游戏场地里的各种设施、设备的使用情况提供客观的证据。比如,你可以观察环境中某一区域,看看其中一样东西(如数字游戏台,计算机,攀爬结构等)被使用了多少次。得出的结果可能会有助于你思考将来怎么摆放环境中的物品,或是让你发现你需要多加注意的地方。

直方图表示的结果

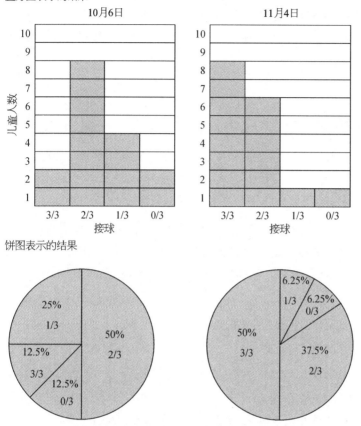

图 1.2　用直方图和饼图表示的记录结果

理解儿童的需要和经验

前面,我们讨论了多种观察方法,以后我们还会更详尽地对它们加以探讨。之所以要开展观察,原因之一是要满足儿童的需要。每个儿童都是独特的,理解他们的特点,我们需要:

对他们做些什么感兴趣。

倾听他们说些什么。

儿童会用各种各样的个性化方式来表达他们的需要。比如,一个儿童为了获得成人的关注,可能会尖叫;而另一个儿童则可能用咬别人一口来表达他的需要。两种行为本质上都是反社会的(anti-social),但如果我们观察了它们是怎样产生的,我们就会理解它们产生的原因。

观察

Adam(20个月)在花园里玩皮球。他把皮球抛到空中,而后想踢皮球。他走过去用脚碰撞到球,才能使球向前滚动。当皮球滚到椅子下面时,他高兴地咯咯笑,并叫道:"进球!"

两个大孩子(3岁和4岁)走出屋子来看。当皮球滚到他们身边时,他们把皮球捡起来,并开始你扔给我,我扔给你地玩。Adam站在旁边看,等着他们扔给他。但他们并不带他玩。当皮球掉到Adam身边的时候,Adam把皮球捡起来,用双手抱在胸前。4岁的大孩子走过来把皮球从Adam手中抢了过去,并把球踢向3岁的大孩子。Adam再次想要抓到球,但3岁的大孩子抢先捡起了皮球,大笑着把球举到头顶。当她放下手臂时,Adam跑过去咬了她的手臂一口。这个3岁的小女孩尖叫起来。成人跑出来看发生了什么事。Adam站在那里,看起来一脸迷茫。

"你这个淘气的孩子。"他妈妈说道。

以"咬人"事件为例,上面这个观察可以帮助我们理清咬人事件的问题所在。

Adam必须明白咬人是不好的,但是在他学会用语言表述之前,需要有个人愿意努力理解他。

儿童总是想让你看见他们看到的东西,和他们一起观看、一起体验。当儿童朝你大叫"看我!"的时候,他们的兴奋感是很强烈的。如果你观察儿童活动的整个过程,而不是仅仅赞赏他们最后的作品,你可能会为他们的能力而惊叹。比如,一个儿童把一幅湿淋淋的棕色的画放到晾干画作的架子上,幼儿园的老师说:"我希望在你放学回家之前它会干。"

当他妈妈看到她的画时,她说:"很好,亲爱的! 你今天还做了什么?"

下面的观察记录将告诉你这幅画意味着什么。

11

观察

Dionne(4 岁 1 个月)穿上围裙后走到画架前面。她拿起棕色颜料罐里的刷子在纸上画了一个圆圈,在圆圈里滴了两点颜料后,她把刷子放回了颜料罐里。她拿起红色的刷子在纸的上半部分画了一条弯弯曲曲的线,而后在这条红线下面画了一条绿色的线。她微笑着说:"一条彩虹。"

她后退一步站了一会儿,然后拿出黄色的刷子在"彩虹"旁边画了一个太阳。

"现在我们需要雨。"

【她在画纸上涂了一些棕色的点。】

"现在雨下得很大——这里有个水坑。"

【她开始在整幅画上画许多棕色的线条。】

"雨下得像倒下来一样——奶奶浑身都湿透了。"

【Dionne 往后站,看着棕色的图画。】

"我画完了。"

儿童对自己的成就总是相当自豪的,但你必须记得,儿童完成某项任务的能力取决于他们有过的练习量。我们可能过于急切地从我们对某个儿童的观察快速地作出判断,推断一群儿童的发展水平。但这样做并不合理。我们在得出任何假设之前,都应该考虑儿童已有的经验和环境因素。

比如,以骑自行车为例,Mary Sheridan(1980)曾报告:一个 3 岁的孩子"能骑三轮自行车,踩脚踏板,并会拐过大的弯角"。

如果一个孩子有一辆三轮自行车或是在幼儿园里玩过,那么上面的观察报告很可能是对的;但有些孩子没有骑过三轮自行车的经验。因此,如果儿童在某个发展领域里表现出落后,那么在"测试"他们的能力之前,我们应该先给他们提供一些活动,让他们的相关技能得到锻炼。

如果你没有学过驾驶,没有人会期望你去考驾驶证,无论你是什么年龄。

简言之,儿童需要成年人关注他们的成就,并提供环境支持他们进一步的发展。要做好这一点,途径是观察儿童的进步,评估、了解他们各个方面的需要。

图1.3给出的一些例子是成人可以促进儿童发展的一些方式。你会看到有些领域是联系在一起的,因为你为促进儿童在某一个领域的发展而提供某种活动时,该活动往往不可避免地涉及了其他领域。任何一种活动都可能是既包括了语言,又有助于提高自尊。

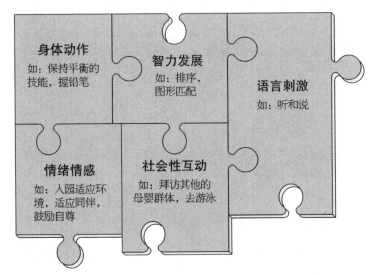

图1.3　在这些方面成人可以促进儿童发展的一些例子

你可以观察到的技能

儿童要发挥出自己的个人潜能,需要先发展各种技能。作为观察的一部分,你需要确定儿童已经达到了哪个阶段,这样你才能提供合适的技能去促进儿童的发展。对于儿童表现出的某些技能,学生常常觉得难以界定,不知道这些技能是由儿童的智力发展带来的还是由儿童的认知发展带来的。图1.4显示了学习语言和推理过程中涉及的一些技能。

记忆和推理让我们能够对我们没有直接体验过的事件进行有根据的猜测。儿童随着年龄的增长,记忆和推理的技能也日益成长。年幼的儿童首先要能够看出问题是什么,才有可能去解决它。很明显,在面对涉及数的问题时,年幼的儿童需要计数辅助物或掰手指才能得出答案,而较年长

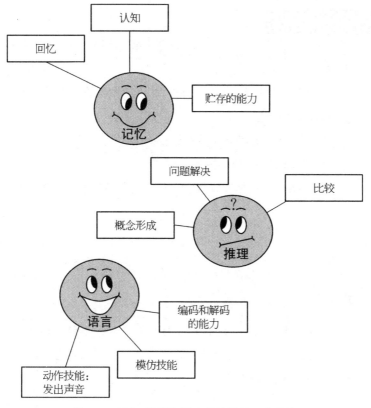

图 1.4　记忆、推理和语言所涉及的一些技能

的儿童只要心算就行了。如果你通过观察儿童的技能了解到他们处于何种发展水平,那么你就能提供合适的活动来促进他们的发展了。

观察,与技能的进步相联系

现在,我们来看一个儿童完成三片式拼板的能力。发展的技能有:

身体动作的	精细操作技能 手眼协调能力
智力的	问题解决,专注力,记忆 大小—形状—颜色的概念
情绪情感的	耐心/控制力 沮丧/满足
社会性的	分享(与成人或儿童)
语言的	联想——图片或语言 新的句子或主题

Activity

活动

　　试试下面的任务：分别观察 2 岁、3 岁和 4 岁的儿童完成同一幅拼板的情况。

　　1. 对儿童之间的能力作个比较。

　　2. 注意技能水平的变化。

　　3. 根据你的观察所得，制定一个行动计划，用以促进他们技能的发展。

观察

　　比如，Philip（3 岁）能够完成简单的三片式拼板。现在他一定要把一块块拼板颠倒着放到底板上。显然他在努力找到玩这幅拼板的新方法。

　　显然，这时候你该发挥你作为促进者的作用了。你可以通过提供新的/不同的（图案、拼接法），或是更为复杂的拼板，来拓展 Philip 的技能与经验。

观察

　　Claire（2 岁）不能在没有帮助的情况下完成这幅拼板。她需要一个成人在身边帮助她。她拿起一块拼板随机地放到底板上，用力撖，想把它塞进去。但塞不进去，她很是沮丧，捏捏自己的脸颊，更用力地塞，然后看着老师，期待得到帮助。老师把手放在 Claire 的手上，指导她把拼板放到正确的位置，让 Claire 在最后完成时体验到满足。她坚持再玩一遍——每次都是在老师耐心地帮助下获得成功。

通过观察,你看到 Claire 对拼板是多么投入,因而你可以说,虽然她不能在没有帮助的情形下独自完成这一任务,但是她要获得最终成功所需的技能也不会很困难。

小结

你对各种观察方法已有所了解,思考了儿童的需要,也考虑了你需要促进和拓展的一些技能。

在我们进入下一章之前,我们需要再来看一看本章开篇提出的几个问题。你的回答中可能包括:

1. 我们为什么要观察儿童? ——为了发现他们独特的特点。

2. 我们能看到什么? ——儿童能够做些什么;他们怎样接近问题,以及尝试怎样解决问题;儿童自得其乐。

3. 通过观察儿童,我们能了解什么? ——他们已经达到了什么水平;更好地理解儿童为什么做某事;强化我们关于儿童发展的知识;从儿童的视角去看事物。

4. 通过观察儿童,我们怎样帮助他们? ——通过提供活动、资源或支持,促进这些发展性技能。

通过观察儿童:

我们评估他们的需要,

拓展他们的经验,

促进他们的学习。

第2章 一步步教你如何呈现观察

看完本章内容后,你将能够:

确定目标和目的。

记录详尽的观察情况。

将你观察得到的发现与工作实践联系起来。

以书面/叙事风格记录为例

在前面一章中,我们粗浅地勾画了记录观察常用的几种方式。现在,轮到你来尝试使用这些方式了。下面我们将细致地解读在采用书面/叙事风格来组织和呈现观察时该怎么做。

为了帮你更好地理解后面讲到的步骤,我们先给出一个例子,让你看看完整的观察记录是什么样子的,并对其中的黑体标题作了解释。在你以后写观察记录时,无论是何种格式,例子中黑体的标题你都可以仿照。

观察

观察:第1次 给你的一系列观察编上号是很重要的,这样做的好处在于,当你想从许多的观察记录中拿出其中某一个来作为申请国家职业资格(NVQ)的证明材料时,你可以很快就找到;而且这样编号的记录材料会清晰地反映出你在观察中的进步。

日期：1994 年 6 月 23 日　之所以要记录日期，有两个原因：①为了对儿童的能力、表现等作个前后的比较，你可能想过一段时间再作一次观察，记下的日期就是一个"时间端点"，帮你把握时间。②记下观察日期，你可以准确地算出被观察儿童的年龄，这样你就可以将观察到的结果与理论上对应的发展阶段的特点作个比照。

开始时间：上午 10：20。

结束时间：上午 10：30。记录观察的起止时间，让你能容易地叙述出某儿童花费在一次活动上的时间长度。

成人数目：1。

儿童数目：4。虽然你决定只观察 1 名儿童，但记录小群体中儿童的数目还是有必要的，因为群体中的人数对儿童的行为可能有影响。

儿童姓名：Manju。只要记个姓或是代号就可以了，这样记的好处是，在你以后要把观察记录拿出来作各种研究时，该记录仍然尽到了为被观察者保密的责任。

年龄：3 岁 10 个月。为了算出儿童的实足年龄，你需要了解儿童的出生日期；将儿童的年龄精确到几岁几个月，是为了将儿童的发展情况与发展阶段之间作公正的比较。

环境：一所幼儿看护学校中创造性区域的建构模型的桌子。儿童可以自由选择材料，附近有一位看护教师，可在儿童需要时提供建议。你不必明确地道出场所的名称（为了保密）；但记下观察的大体背景还是有益的；若是涉及到成人，你也要记下来，因为成人的存在可能会影响儿童的行为方式。

目的：观察一个近 4 岁的儿童在建构模型中的表现，以便鉴别他是否具有良好的操作技能和解决问题的能力。观察的目的中应该列出你想探究的发展领域，它是比较宽泛的。

目标：观察和记录 Manju 使用剪刀和涂胶机的能力；观察和记录 Manju 计划她的模型并思考怎样做出来的能力。目标应该区分出你想观察的具体能力。

观察记录

　　Manju 系上围裙后，走到桌子旁边。她拿起一个圆形的盒子，在手上颠倒过来，把它底朝上放下。她绕到桌子的对面，选取了一个比较大些的麦片袋后回到她原来的位置。她看着老师微笑。

　　老师问："你打算做什么呢？"

　　Manju 看着墙上展示出来的模型说："火箭。"她拿起一张银箔，小心地把它撕成两半。她像抓握镊子那样，用姆指和食指娴熟地拿起涂胶机到放着许多胶水的罐子里蘸了一下，在 Manju 把蘸满胶水的涂胶机拿到她面前的盒子上的过程中，几滴胶水滴到了桌面上铺好的报纸上。老师把胶水罐挪到 Manju 附近。Manju 倾斜着涂胶机把胶水倒在盒子上，并涂抹胶水，涂了一半多；而后她侧身靠过去再取胶水倒在盒子上，她全神贯注地用涂胶机把胶水涂满盒子的一面。在她用胶水涂出形状的过程中，她一直在微笑。

　　"你打算把你的银箔纸贴上去吗？"老师问。

　　Manju 用左手拿起一片银箔纸，倾身用涂胶机蘸取更多的胶水，把银箔纸放在手掌中涂满胶水。

　　"我觉得你现在涂的胶水已经足够了。"老师说。

　　Manju 打算将手中的银箔纸固定在盒子上。当她将手中涂满胶水的纸片贴到盒子上时，纸片没有被贴上，她的手指反而被纸片粘住了。她抬起头来寻找老师，后者走过来提供帮助。

　　"我想你可以把一些没有涂胶水的银箔纸放上去。"

　　Manju 没有听从意见，而是选取了一个纸质的管子，她把它竖着紧紧压在盒子上，这样压着管子好一会儿。当她把手挪开时，管子掉下来了。她拿起涂胶机在管子底部涂了一些胶水后再次把管子压到盒子上。她一松手，管子又倒了。

　　老师拿起另一个纸管子说："怎么固定它，我来做给你看，好吗？"

Manju 点点头,并看着老师在管子一端切了一道约 2 厘米的口子。

"你能在边上切更多这样的口子吗?"

老师把剪刀递给 Manju。Manju 经过努力,正确地拿起了剪刀,把管子拿到面前,剪了一道小口子。她抽出剪刀,打算剪第二刀,但剪刀合拢到某个角度,并不能剪出口子。

Manju 开始显得焦躁了。老师从桌子对面走过来,手把手地指导 Manju。她们一起剪了几道口子。老师向 Manju 展示怎样把剪开的条状纸板翻折,以便有更大的面积涂胶水。

"现在你可以把它粘到你的火箭上去了。"

Manju 用涂胶机抹了些胶水在盒子上,而后把管子放上去。她松开手,看到管子仍然直立在那里,笑了。

"你想再添加吗?"老师问。

Manju 看着模型说:"不了。"

"我们把你的模型放到安全的地方晾干吧?"

Manju 点点头,而后走开去洗手。

写记录时,应尽可能当事情正在发生着。你应该全心关注你感兴趣的那些方面,因为你不可能记下儿童所做的一切。

结论

Manju 在开始做模型以前,通过观察创造性区域的展示墙上有什么,来决定她想做什么。她能够使用涂胶机,并喜欢把大量的胶水涂到盒子上。她在粘纸时使用了过多的胶水,并花了些时间在构建模型上,但她看来乐在其中。

Manju 使用剪刀还有困难,但拿剪刀的手势正确。她没能想出来怎样把纸管子固定在盒子上,但在教师的协助下,她成功地做成了她的火箭。

结论应该概括地叙述你观察到了什么,与你期待发现什么(即你的目标)相呼应。

评价

4 岁儿童的发展里程碑中涉及(见第 155 页):他们"经过

练习能很好地使用剪刀",并"开始在动手绘画之前先命名"。Manju 还不满 4 岁,但她已能正确地拿剪刀,并且在给管子这样一种有难度的形状剪口子的任务上取得了部分成功。她在做之前能对自己计划要做的东西进行命名。这些表明,参照相同年龄儿童的发展水平,Manju 发展得不错,处于正常范围内。

评价应该将你的发现与你的目标年龄群体应有的表现相比较。为了作比较,你须采用大家公认的信息来源,比如本书第 7 章中的各个"里程碑",或是其他儿童发展书籍中提到的发展水平。你也可以将观察的某个儿童与班级中同一年龄段的其他儿童作比较。

建议

继续为她提供计划自己活动的机会。

鼓励她参加有助于增强手指技能(精细操作技能)的活动。如:指偶,拼装玩具等。

你所作观察的主要用途之一是帮助儿童完善其技能。我们将在第 6 章对此作更多的阐述。

而今你已看到一个完整的观察是怎样展现出来的,想必你也已有充分准备来亲身练习这项技能了。下面几部分的安排将让你在参与练习活动的过程中建构起你的知识体系。

Activity

活动

1. 与你的导师或工作伙伴讨论进行一次观察的必要性,而后选取一个你不太可能受到干扰的时间。

2. 确定你想要观察的儿童。

3. 安静地坐在一边,记录该儿童在 5 分钟内做了什么。

注意:用该儿童姓名的首字母或代号指代该儿童,以保证保密性。这里务必要着重指出的是,你这次展开观察是你的一种学习行为,你所写的观察记录会被不少人看到,故而你在写观察记录时不应该明确地给出被观察儿童的姓名和具体的观察处所名称,应该用笼统的语言描述周遭环境,如:幼儿接送教室、看护学校的户外活动场地、室内游泳池等。

4. 写完观察记录后,自己再读一遍。

你可能已然发现完成上面的活动并不容易。在你努力地观察周围发生的每一件事情的同时,你还要把这一切都记录下来,实在太难了。而且你在写的时候可能还错失了与儿童的重要互动。有一种办法,可以用来提高记录速度,这样你就不必一直埋头记录了,那就是用代码。这是非常简单的。比如,你可以用"A→B"来表示儿童 A(Ben)走向儿童 B(Sunil)并交换了信息。在你观察一个儿童的社交能力时,这种代码记录会是非常有效的。但你在应用之前应该先设想好几种可能情况的代码,并记下代码的意义,因为若是你作了大量的观察记录后发现,你自己都看不明白你记录了些什么,那岂不是白忙一场。

这就引出了另一个要点——把观察记录写详细、写完整。你越早通读记录下来的草稿,尽快地将草稿补充完整,那么观察记录就变得很容易完成了。交不出观察记录的学生最常用的一个借口是它们有很多"模糊不清"的地方,他们怎么也想不起来当时匆忙写下的潦草字迹表示的是什么意思。若是所观察的情境还在你头脑中十分鲜活的时候,你就动手写观察记录,你通常可以在脑海中再现观察到的一切,能准确地解读你先前写下的种种符号的意思。这样,你只要用午间休息中的 10 分钟就可以搞定观察记录了,省下了后面的一大把时间。

要让记录工作变得轻松,还有一种方法,那就是明确你为什么观察某个儿童,你想发现什么。想清楚这两个问题,你就有了目的和目标。

Activity

活动

图2.1是一幅照片,其中有两个4岁的儿童在沙缸边上玩,照片上的文字记录了在15分钟的观察时间里所发生的事情。(文字的意思为"沙子里混有鸟食"。)在读完观察记录后,你觉得它告诉了你关于儿童的什么,请把你想到的列出来。

图 2.1　两个 4 岁的儿童在沙缸边玩

观察

两个儿童面对面地站在沙缸旁边,手在沙子里划来划去。Chloe 拿起一只碗,开始用大铲子挖沙来装满它。

Natasha 拿起一个筛子,并用沙子来装满它。她看着沙子漏下去而鸟食留在了筛子上。她拿起一个铲子,想用它把鸟饲料从筛子上搬到酸乳酪罐子里。从她的神情可以看到她的专心致志,但铲子基本上无法弄起鸟食。她倾身到旁边的工具栏中选取了一把勺子,用它仔细地搬动着鸟食。在6满勺以后,她把余下的零星鸟食也倒进了罐子里,有一些鸟食从罐口滑出来掉回了沙缸里。她放下筛子,拿起铲子走到沙缸的另一边。

Chloe 说:"这一边是我的。"她环视四周,没有成人看到这边的情况。她拿起筛子。

Natasha 从她手里拿过筛子说:"这是我的。"而后走回了她自己那一边。

Chloe 装满了一碗,转向老师说:"看这个。"

Ryan 走到沙缸边开始挖沙子。

Natasha 说:"老师,3个人了,这里只能2个人玩。"

Ryan 走开了。

Natasha 说:"我们把玩具都拿出去,把鸟食都收拢,好吗?"

说着她开始把所有工具收集起来,放到沙缸一边,而 Chloe 看着她做。她开始筛沙子,并把鸟食倒在沙缸的一角。

"我们只留下鸟食,对吧?"

Chloe 拿起一个筛子开始和 Natasha 做一样的事情。

Natasha 说:"我今天去奶奶家吃午饭,但没有晚饭吃。"

Chloe 说:"我再给你更多的鸟食。"

她们用镊子抓握动作来捡取鸟食,捡了大约2分钟。

Natasha 把一些鸟食装在一个罐子里,拿过来给我:"这里有个蛋糕,给你吃。"

我们谈论了一会儿这个"蛋糕"。

一个耳聋的儿童走过来,通过摸我的脸颊引起我的注意,他表示他想玩沙子。

Chloe 看过来,说:"不行,Natasha 还要在这里玩的。"

> Natasha 回到沙缸边，不一会儿又带过来一罐鸟食，这回罐头上有一个盖子。
>
> Chloe 走到我面前说："你知道吗？我的名字里有C、H、L、O、E。"
>
> Natasha 把手上那罐鸟饲料递给我："我做了一个大蛋糕，这回它装满的时候，我会打开它。"
>
> 儿童们走回沙缸边，这时教师宣布整理玩具的时间到了。

把关于这些儿童的想法列出来，将之与本章末尾给出的建议相比较。不要看得太迅速。你会发现你列出来的内容被划分到了不同的发展领域中。如果你试着用这些专业术语来思考，你可能会发现界定你想观察的领域变得容易了。

现在你有观察这些儿童的数个理由了。然而你若侧重于一个发展领域的话，你将更有针对性，记录起来更细致。回过去再看看这份观察记录。你会看到，这段时间中虽然发生了许多事，但其中还是有许多的空当，那是你没能观察到的。如果你不是要观察儿童的社会性互动，那么你在观察时专注于一个儿童，着重观察一个发展领域，如语言、智力/认知技能、精细操作技能、想象游戏等，会比较好。要进一步了解各发展领域，可以参见第 7 章。

Activity

活动

图2.2～2.6展示的是参与不同活动的 3 岁到 6 岁半的儿童。

在这些情境中，选择观察一个儿童或是整个儿童群体，而后指出你发现了些什么。努力形成特定的目的和目标，若是你觉得无法完成这点，那就在你计划如何观察之前，和你的指导老师讨论一下。

提示:如果你在设立目的和目标时想不出一点头绪,你可以去看看本书第7章中关于儿童发展里程碑的内容,或是其他关于儿童发展的书,看看不同年龄段的儿童通常应该有怎样的表现以及能达到的水平。这会对你形成目的和目标有所帮助。

记住,目的和目标是你制定计划去发现儿童能够做些什么的正规方法。比如,你的目的可以是观察一位教师与一位儿童谈话,你的目标则可以是观察该儿童是否倾听教师所讲的内容,以及他是否能够理解教师在提问什么,具体可以这样书写:

目的　观察班级教师与一位4岁儿童的交流。

目标　1. 鉴别该儿童领会一个简单要求的能力。

　　　2. 鉴别该儿童把一个简单要求付诸行动的能力。

若你的目的是观察(一个群体中的)一位儿童在午餐时间是怎样做的,那可以这样写:

目的　观察一位5岁儿童在午餐时运用社会性技能的情况。

目标　1. 识别该儿童回应他人的能力。

　　　2. 鉴别该儿童有效使用餐具的能力。

图 2. 2

或许你想看看儿童们的身体动作技能有多好,那你可以针对一些非常具体的技能,这样写目的和目标:

目的　在户外活动时间观察一群3～4岁儿童的粗大动作技能。

目标　鉴别和记录儿童以下方面的能力:

原地双脚跳;

单脚跳;

踢球;

接住一个大皮球;

骑三轮自行车。

注意:上面给出的这些目的和目标是针对第1章中讲到检查清单法时给出的例子和图2.5展示的情景。

图2.3

Activity

活动

既然你已经成功地为照片中的儿童制定了许多观察的目

的和目标,那么现在是你在实际工作中尝试这些技术的时候了。你可以从前面的练习活动中选取一个例子来尝试观察,当然也可以自己设计全新的观察。你可能注意到了,在目的中通常对儿童的年龄有限定,因此,记清楚被观察儿童的确切年龄至关重要,要精确到月。而且你在定目标时,面对一个刚满3岁的儿童与面对一个3岁11个月的儿童应该有不同的目标。

第一个例子,看起来可能是想全面观察每一个发展领域。选定一个年龄群体后,你就要为以下项目写出目的和目标:

精细动作技能;

粗大动作技能;

智能/认知发展;

语言发展;

社会性技能;

情绪情感发展。

(若是在识别发展领域上需要帮助,你可以翻阅第7章。)

现在你需要确定你能够在一日常规活动中观察到儿童的哪些方面,是否还需要引入特定的活动以便达到你的观察目标。

在你制定观察计划时,与你的指导老师讨论一番,以确保你的计划在看护学校的运行体制中或是在教室的常规活动中切实可行。幼儿教养活动要满足许多预设的目标,特别是全国课程的纲要目标,因此你要引入你的观念并不总是很顺利,但通常可以用折衷的办法来完成。

确定了你要做什么,定好方便的时间,你就可以开始你的观察和记录了。

假设你如今已针对某一发展领域进行了大量的观察,那么接下来就是看你能拿它们派什么用场。

你需要考虑的第一件事是既定目标是否达到了。这一问题应该在"结论"部分加以讨论,即重新检视你观察到的内容,将之与你期待发现的作个比照。

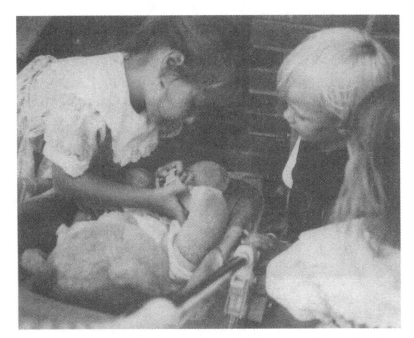

图 2.4

图 2.5

　　下面是一份带有结论的观察记录,其中给出了被观察儿童的详细信息,诸如姓名、年龄和环境的详细情况,还注明了观察开始和结束的时间。

观察

儿童姓名：Susan　　　　　年龄：9个月

　　　　　　　　　　　　开始时间：下午5:15

　　　　　　　　　　　　结束时间：下午5:25

环境：家中的浴室。

目的：观察一个9个月大的婴儿在洗澡时的表现。

目标：识别并记录该婴儿的身体技能。

　　　　识别并记录该婴儿与成年照料者的互动。

观察记录

　　奶奶将Susan平放在地板的毛巾上，开始给她脱衣服。Susan专心地看着大人的脸，看起来正在倾听她在说什么。

　　"我们把背心脱掉，好吗？"

　　奶奶把背心拉到Susan头顶并说："呼！"Susan高兴地发出长而尖的叫声。在奶奶解开她的棉上衣并脱掉，再脱掉内衣的过程中，她一直非常安静地躺着。

　　Susan开始动来动去，并想翻身。奶奶给了她一个拨浪鼓，这吸引了她的注意力，在奶奶给她除尿布的时候，她安静地躺着，拿着拨浪鼓在面前玩。

　　奶奶抱起她往浴室走的时候，拨浪鼓掉到了地上。

　　到浴缸里后，Susan拿起一块海绵放到嘴里。她吮吸着海绵，在水流下喉咙时发出劈啪声。她转身跪坐起来，双手抓着浴缸一边的扶手把自己拉起来，呈直立姿势斜靠在浴缸上。奶奶再次让她坐到水里，并给她一本塑料书看。Susan把书从一只手递到另一只手，又把书放进嘴里。她让书掉进水里，东看西看地找其他东西。奶奶将一个塑料瓶子放到水下面，让水灌进去。Susan看着冒出来的气泡大笑，而后发出"da—da—da"*的叫声。

---

* "da"为英文中"daddy"（爸爸）的开头音节。——译者注

"是说爸爸快要回来了吗?"

图 2.6

Susan 开始发脾气,用手揉眼睛,于是奶奶赶快结束了洗澡,向 Susan 伸出双手,Susan 举起双臂以便被抱起来。

结论

Susan 在观察过程中一直很活跃,当她在地板上时她想翻身,在浴缸里时她想把自己拉起来。她能够用一只手抓住一件东西,并在两只手之间传递。

Susan 会对语言作出反应,从她在洗浴的玩耍中可见一斑,到出浴时她会抬起胳膊来配合。

从上面的例子中你可以看到结论部分是怎样概括你观察到的内容的,怎样将你观察到的发现与目的联系起来。

Activity

活动

重温前面的活动,为你自己的观察写结论。

这一活动基本上教你怎样作书面/叙事性观察并撰写结论。当前你需要考虑的是怎样藉由观察增加你关于儿童发展的知识,对你的实际工作产生帮助,并运用能引导儿童向前发展的各种经验来帮助受你照料的儿童发展。

观察的价值在于它们的运用,而不是作为文档的收集。我们这样运用观察:评价它,将它与预期的发展阶段相比较,而后提出一些建议。在比较的时候,将观察到的发展情况与年龄相近的其他儿童的情况相比较,这是可行的,但更多的是以人们普遍认可的信息资源作为参照。如下面这个例子。

观察

儿童姓名:Martin 　　　　**年龄**:　　　5岁2个月

　　　　　　Lily 　　　　　　　　　　5岁4个月

　　　　　　　　　　　　　开始时间:下午3:10

　　　　　　　　　　　　　结束时间:下午3:25

环境:儿童接送教室中放圣诞礼物的区域。

目的:观察两个5岁儿童在收到礼物时的行为。

目标:识别并记录儿童的反应。

　　　　识别并记录儿童的言语。

观察记录

　　Martin是第一个收到包裹的孩子。他谢过老师后把包裹放在他身边的地板上。他用右手拉开包裹上的缎带,仔细地用两只手剥开包装纸。他拿起礼物在其他小朋友的头上摇晃。

Martin(对教师)说:"老师,你看我拿到了什么,一本彩色的书!"

教师说:"它很漂亮,Martin。"

Martin拿着书走到Lily旁边,后者正坐在地上打开她的礼物,也是一本书。

Lily说:"你的礼物是什么?"

Martin说:"和你的一样。"

Lily说:"我的书是红的。"

Martin说:"我的是蓝的。"

Lily说:"它们不一样。"她用手抚摸书。

Martin把书拿到桌子上,重新用纸包起来。他拎起包裹,但它掉下来——包装纸破了。他把书放到桌上,再用纸把书裹住,并想用先前的缎带把它扎起来。这时老师说该准备回家了。Martin把书放在桌上,跑开去拿他的外套和书包。他拿起外套,将外套的兜帽戴在头上,而后将手臂伸进袖子。他拿着书包走到桌子旁边,把礼物放进了书包。他把书包的背带套过头,搁到肩上,而后到地毯处坐下。

老师问:"Martin,你的彩色的书呢?"

Martin说:"在我的书包里,这样它就不会被淋湿了。"

结论

Martin对收到礼物感到十分兴奋,并热切地向成人和他特别的朋友展示他的礼物。他试图把书重新包起来,最后放进了书包里,这表明他持十分小心的态度。

两位儿童都能够识别出红色和蓝色,并注意到这两种颜色是不同的。

评价

根据Martin Sheridan的观点(1980),5岁的儿童能命名4种基本颜色,能匹配10～12种颜色。观察的两位儿童都能认出红色和蓝色。

两位儿童明白颜色之间有区别。

瑞士心理学家 Jean Piaget(皮亚杰)描述了儿童认知发展的 5 个主要阶段。Valda Reynolds(1994)借鉴他的理论后提出,4~7 岁的儿童处于直觉思维阶段,他们"开始在事物之间形成联系,并明白事物之间有区别"。

两位儿童的表现表明他们的发展水平处于其年龄段应有水平的正常范围内。

建议

继续提供分类、匹配和排序等活动机会。

Activity

活动

现在你给你的观察作最后的评价,你的观察记录就完成了。看看你的目的和目标,通读你记下的观察内容,确认你在结论部分作了恰当的概括。再看看你所观察的年龄段群体的正常发展水平/阶段,将之与你的观察发现相比较。前面例子里提到的发展阶段,你可以在参考文献中列出的这些学者的著作中找到,你也可以参考第 7 章中给出的"里程碑"。

需要记住的要点:

• 你的评论要具体。

• 不要对儿童作绝对性的评价或假设。

• 你的观察发现要尽量保持客观。

最后,你应该对今后要进一步开展的观察或活动进行思考,并提出建议。为了让你对发展领域的进展有所了解,我们在第 6 章中给出了许多例子,以便你有所感悟。毫无疑问,你将想到更多。

你完成前面的这些练习活动之后,应该能够顺利完成书面/叙事性观察——这类观察旨在发现一个或一群儿童在某一发展领域的能力水平,也就是说,这类观察有预定的目的和目标。一旦你按照格式记录了一段时间并体会到这样做的价值,你就会想用这种方式来记录你身边发生的语言或行为。这意味着你在记录时没有格式化的目的,虽然你的观察可能与某一发展领域有关。这可以称作是无计划或无结构的书面/叙事性观察。虽然叫作是无结构的,但实际上它还是要有结构,应该包括儿童的详细信息,这样才能写结论、评价和建议。

例如:

观察

儿童姓名:Sean   **开始时间**:下午 1:45

儿童年龄:4 岁 1 个月   **结束时间**:下午 2:15

环境:看护学校户外活动场地上的水槽。

观察记录

    Sean 右手拿着一艘船在水槽中推动,一边推,一边嘴里模仿引擎的声音。他把船拎起来,看着水从船中流出来,而后几次用两只手把船从斜槽滑下来。

    Sean 继续安静而专心地玩着。他推动船沿着槽边航行,而后驶向中央地带的"小岛"。他小声地自言自语,不时发出引擎的声音。他从槽边"河岸"处捡来几个塑料小人,把它们*放到水里而后将它们泼湿。

    教师问:"他们是在洗澡还是在游泳?"

    Sean 说:"游泳。"

    Sean 拿起一个塑料的美人鱼,带它在水中穿行。

    教师问:"她又打算游泳吗?"

    Sean 说:"是的,她打算这样做。"他带着它在水面掠过;

---

* 被观察的儿童能用塑料小人玩想象的游戏,他在角色扮演中,能根据角色使用没有语法错误的语言。因此在对事情的叙述中,用"它""它们"指称塑料小人,在对话中,依据情境使用相应的人称代词来指称。——译者注

"我的手放在水里觉得热了。"

Sean继续和美人鱼玩,他对自己(而不像是对教师)说:"她走的时候,头上戴着黄色的海藻编成的花环,她跳进了海里。"

Sean在船上放了一个人并开始泼水,于是船上下颠簸,船上的人摔了出来。

教师说:"是谁在震动海水?我们的王子不见了。"

Sean把所有的小人都扔进了水里。

教师问:"你找到王子了吗?"

Sean说:"他原本坐在岛上,现在他躺在沙滩上——他累了。他们在岛上泼水,他喝饱了水。"

教师走开了。有一群幼儿走过来玩水,但Sean毫不在意他们在做什么。他把水泼到自己的脸上,而后把那些小人放回船上。那群幼儿绝大多数走开了,只有Scott从旁边拿起几个小人走过来加入Sean的游戏。

Sean说:"你必须走到那边和你们的人呆在一起,你们没有尾巴,我是一条美人鱼。"

Scott说:"我也是一条美人鱼。"

Sean说:"这里是我的海,你的海在那边。"他拿起那些小人摇晃了一下:"你们这些淘气的家伙。"而后对Scott说:"她假装不想和他结婚。"他又扮演起王子的角色,说:"我该怎么办呢?"

他拿起美人鱼,把它扔到水里。他现在扮演她的角色:"你想得到我,因为我是美人鱼。"

教师宣布吃点心的时间到了。Sean依然自顾自地玩了几分钟,而后放下那些小人走向后门。

结论

在观察开始之前,Sean已经在水槽那里玩了几分钟了。我对他的专注力持续多久以及他使用些什么语言很感兴趣。他在水槽处玩了半个小时。在这段时间里,有一些幼儿来来

去去,但 Sean 都没有过多注意他们;他与 Scott 互动是在 Scott
加入了他的游戏之后。

Sean 在他的想象游戏中始终有流畅的解说语言。显然,
他早已看过"小美人鱼"的故事片,并醉心于将它表演出来。
他的语言没有语法错误。

评价

第 7 章列出的发展里程碑中提到:儿童在 4 岁以前,"想象
性的装扮游戏能维持很长一段时间","语言有意义且没有语
法错误"。据此可见,Sean 表现出了预期中的行为。

建议

继续提供做想象游戏的机会。鼓励 Sean 记录他的游戏,
具体做法是让 Sean 在讲述时间告诉其他幼儿他的游戏内容,
或是将游戏内容画出来。

即使你一开始并没有设定目标,你也能运用观察来帮助你学得更
好,观察记录为制定儿童的发展计划提供参照依据,鲜有用不上的时候。

现在你已掌握了这种记录形式,想必是满怀欣喜地想了解其他记录
形式,那将是下一章讨论的内容。

对回答第二项"活动"的提示

你在阅读了"活动"中的观察记录之后,可能对 Chloe 有了以下的
了解:

体能方面

较好的精细动作技能——镊子抓握

使用工具时体现出较好的手眼协调性

智能方面

较好的专注力

理解数的概念

理解模仿手势的意思

显示出想象能力——鸟食装在罐子里成了蛋糕

能拼读出自己名字中的字母

语言在发音和时态上都很正确

社会性方面

能很好地与别人一起捡鸟食

情感方面

非常稳定和独立

不是很乐意分享

仍然喜欢成人的注意

第3章　试验观察技术

读完本章,你将能:

以多种方式做记录。

认识各种方法的长处与不足。

如今的你已掌握了描述性观察这一方式的观察和解释观察内容的艺术,是时候该更细致地了解其他观察法了。你作为一个儿童养育者和教育者是幸运的,因为你有机会运用大量的观察法,获得关于各种观察法的长处与不足的第一手资料。

图 3.1 展示了 4 种你可能使用的方法:图表法、抽样法、书面法和检查清单法。你需要记住的是,无论你采用何种方法来记录观察,它都需要包括原始的信息、评价和结论,这一点与叙事性观察是一致的。开展观察总是要有理由的,一旦完成观察,你必须作评价和建议。你的评价建立在你的儿童发展知识的基础上,切记不可主观。哪怕你对儿童在某个年龄应该能够做什么存有一星半点的疑问,你都要去查证,你可参考第 7 章发展的里程碑:从出生到 8 岁。但是同一年龄的儿童可能具有不同的经验,处于不同的发展阶段,你的建议应该是为了儿童的福祉,你观察的是儿童现在能够做什么,在此基础上能做什么。如果你觉得你没能达成预期的观察目标,那你可能需要换一种其他的方法。

图 3.1 给出了几类常见的观察法,你会发现它们建立在第 1 章的内容基础之上。下文是一些建议,供你想采用不同类型的记录方法时作参考之用。

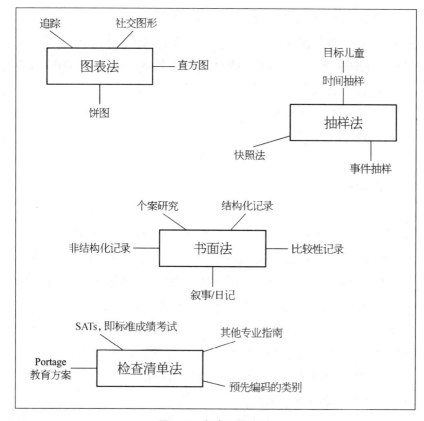

图 3.1 各类记录方法

图表法

追踪:观察并记录个别儿童或儿童群体在某个限定区域(如教室、看护学校或花园),在一段时间内的活动。

社交图形:观察并记录儿童的社会性行为,将他们的互动或其他交往的表现用作图的方式表示出来。

直方图:以图画的形式将整个班级的儿童从事某项活动的能力记录下来,如用直方的高度表示儿童在活动上所花费的时间。

饼图:时间抽样观察法的一种记录形式,直方图适用的内容也可用饼图表示出来。

抽样法

时间抽样:在一段限定的时间(如 15 分钟)里,观察和记录一位儿童每分钟做什么事;或是在一设定的时段内,每过一个时间间隔(如在上午或下午,每隔 15 分钟),观察和记录一位儿童在做什么。

事件抽样:当某类事件发生的时候,观察并将之记录下来,如有攻击性行为或者发脾气时。

快照法:在特定的时刻观察和记录事件。这一方法对于作比较,监控某些设备或某块活动区域的使用情况是很有效的。

书面法

结构化记录:为某个具体的原由而进行观察时通常采用这种记录。如:想考察一位儿童的入学能力,或是做某件事(如画一个人)的能力。

非结构化记录:没有预定目的地去观察一位或一群儿童时作这类记录。这类观察是自发的,常常是因为突然发生了有趣的或是出人意料的事情,觉得有意思而记录下来。这样的记录,要作评价是比较困难的,但它会启发你今后去作某一方面计划性的观察。因此,在口袋里放本体积小巧的笔记本和一支笔,随时作点非结构化记录,是个很好的主意。

比较性记录:观察两位儿童并比较他们的能力,或是间隔性地观察同一位儿童,评价其进步情况。

个案研究:观察一位儿童相当长一段时间,评估儿童所有的发展进步。这种观察通常需要了解儿童的成长背景,并要得到其父母的允许。

叙事/日记:在相当长一段时间里观察一位儿童,作一系列的非结构化观察。

检查清单法

这是事先将儿童发展的"里程碑"编成代码,列成检查清单,而后去观察和记录一位儿童发展的某个特定的方面。当儿童最初入学时,有关人员想了解儿童的能力如何,通常会采用这种方法。如果有关人员想对特殊需要儿童的发展进程实行矫治,就可能会采用到目前广泛施行的"Portage 教育方案"。该方案就包括用检查清单法观察有特殊需要的儿童。"Portage 教育方案"是指父母和照料者为有特殊需要的儿童制定矫治计划时,将发展"里程碑"细化为具体的达标步骤,并在进入下一矫治环节前,了解儿童前一环节的目标达成情况。

SATs即标准成绩考试,是英格兰和威尔士政府启动的旨在评估学生对基础学科掌握情况的考试,就是检查清单法的一个实例。其他国家和机构也有类似的体系用以保证达成其教育或社会性目标。

你可能还考虑采用不同的媒体来记录你的观察,但在采用这一方法前,你应该就保密性问题与你的指导老师作一探讨,因为录像和录音都会使被观察的儿童和场所全部展现在观察者眼前。

下面的图3.2给出了你可能会用到的一些媒体。

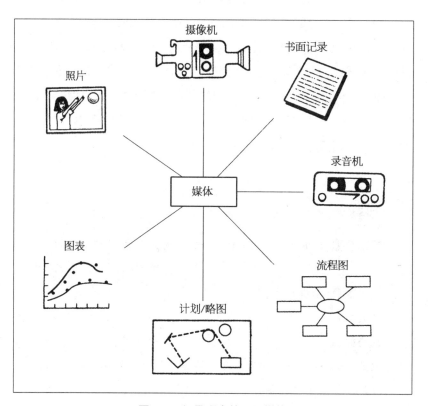

图3.2 记录观察的不同媒体

在本书中,我们对录像和录音的运用不专门介绍,只在下文中提供一些不同形式的观察记录的例子,供你参考。在本章末,我们列出一些目的和目标,在看时你可以思考选取何种途径最适合,最有利于评价你想观察的儿童的能力。

图表法

追踪

正如第 1 章中所述,之所以采用行踪追踪观察法,通常是为了记录一位儿童在一项活动上花了多少时间,或是儿童选择了多少项活动。下面的例子便展示了用追踪法来观察一位儿童在选取的器具上表现出来的动作技能。在实施追踪观察之前,你需要对你将在哪块地方观察儿童有个打算。你还得考虑:你打算怎样来记录儿童的移动,比如,你是否要设定一些代码? 你还要想清楚你的目标,以及怎样达成这些目标。在第 1 章的例子中,其目标可能与儿童在每项活动上花费的时间有关,因而在记录的图上标注了时间。而在下面的例子中,其首要目标是考察儿童选取何种器具,因此无须记录时间;但第二条目标是"识别运用器具的技能",图上通常没有写这类东西的空间,特别是当你要识别的内容相当困难的时候,因此你需要将它单独记下来。

观察

观察日期:1994 年 3 月 22 日　　　**开始时间**:上午 10:50

　　　　　　　　　　　　　　　　结束时间:上午 11:05

儿童数目:全班儿童

成人数目:2

儿童姓名:Adrian　　　　　　**年龄**:6 周岁

目的:观察一位 6 岁的儿童身处学校大厅中时的表现,大厅中正规地摆放了体育器具。

目标:追踪儿童选用的器具。

　　　识别并记录 Adrian 在使用器具时表现出的粗大动作技能。

环境:学校大厅,为整个班级上体育课而作了相应的布置。

观察记录

绳索:爬到绳索顶端有困难,并且不能成功地荡秋千,但花了几分钟尝试。

吊环、平衡木、鞍马:未使用。

攀爬结构:绝大部分时间消耗在这里。开始时爬得相当好,接近顶端时有些迟疑。从上面下来更是有问题。在横档上往下移一档之前,Adrian都先小心地用脚试探。

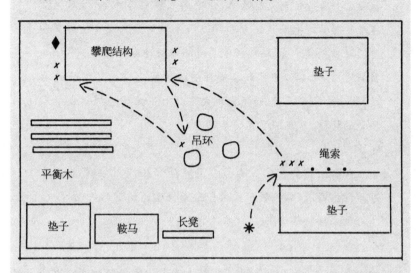

代码:

✳ 起点

◆ 终点

- - -> 在设施间移动

✗ ✗ ✗ 在设施上用功

图 3.3 追踪观察

结论

  从上述追踪观察可以很明显地看出,Adrian偏好玩大型的器具——攀爬结构或是绳索,避开了平衡木和鞍马。Adrian发现爬到绳索上面,进而荡秋千是比较困难的。在攀爬结构上,他轮流使用胳膊和腿,把胳膊伸到头顶上方并仔细地查探他要过去的地方。但是在接近结构顶端时,他显得迟疑和不安。爬得越高,他的行动就越不流畅,其间他停下来数次观看其他小朋友。他爬下来的时候也很不安,每次踩横档下来一档之前都先用脚试试看。

评价

根据 Catherine Lee(1990)的观点,6 岁的儿童"乐于使用大型器具来爬,用手臂吊着荡秋千,用膝盖悬挂身体。能翻筋斗,跳绳,跑和跳,以及使用攀爬绳索"。尽管 Adrian 热衷于这些活动并喜欢使用大型器具,但他尚未有足够的自信,不能像这个年龄的绝大多数儿童那样流畅地移动。绝大多数儿童喜爱活动性强的体育游戏,并能自信而积极地参与其中。Adrian 显得迟疑和不安,并且只喜爱那些他曾经有过成功经验的活动,驻足于那些活动,而不像绝大多数 6 岁儿童那样热衷于掌握新的技能,不断练习直到熟练。

建议

Adrian 需要有更多活动以获得自信,他也需要更多地练习各种体育活动,保教人员应当鼓励他尝试所有的运动器械,参与独立性的活动。

这份记录非常清晰地展现出观察儿童个体的价值。通常在全班幼儿共同活动时,由于人数众多,保教人员很容易疏忽个别幼儿有困难这一客观现实问题。经验丰富的保教工作者往往会看出某个儿童需要额外的帮助,但将情况记录下来会更有用。

社交图形

社交图形记录的是单个儿童与他人的社会性接触,或是一个群体中儿童间的友谊情况。这种方法做起来很有趣,但容易受到主观判断的歪曲。另外,一个总是外向、活跃的儿童也可能有一天一个人玩得很开心;年幼的儿童建立起友谊和友谊破裂都非常快速。这些情况,在作结论时都应该考虑到。

要记录一个社交图形有好几种方法。对于单个儿童来说,时间抽样或追踪法都是相当好的选择。结果会告诉你儿童个体在选定的时间段内进行了多少次社会性接触。对于儿童群体来说,一种是采用快照法(具体介绍见后文),记录儿童在某个时刻和谁一起玩;还有一种是要求儿童画出、写出或说出他们的朋友有哪些。

观察

友谊的群体社交图形表

日期:1993 年 6 月 6 日

儿童数目:全班儿童　　　**年龄**:5 岁 10 个月～6 岁 7 个月

环境:一所学前教育机构,大班,一间教室中。

目的:发现班级中的友谊团体。

目标:考察男孩和女孩是否在友谊交往中是交叉的;记录,看是否某些儿童较其他儿童更受欢迎。

观察记录

单独询问每个儿童,要求他们说出 3 个最好的朋友。图 3.4 给出了询问的结果,涵盖了全班所有儿童。纵轴是全班儿童的名字,每个名字旁边排列的是选择了他为好朋友的儿童的名字。

结论

所有男孩都选择了同性朋友,绝大多数女孩也是如此,唯有两个例外:Ruth 提到了名为 James P 的男孩,Karen 选择了她的孪生兄弟 Joshua 和一个叫 Michael 的男孩。有趣的是,Michael 也是 Joshua 的选择之一。

Adam C、James P、Matthew、Katie 和 Elizabeth 是最受小伙伴喜爱的。许多儿童都相互选择对方作为朋友。有 4 名儿童未被其他儿童选择。

评价

结果绝大部分都在我的预期内,毕竟我在这个班级呆了两个半学期,对班里的孩子相当了解。

从总体上看,儿童倾向于选择同性别的儿童作朋友。对于这种情况,Valda Reynolds(1994)曾阐述过:"儿童在 7～8 岁前会非常注意性别差异。这个年龄的男孩子通常会偏好参与

Name	1	2	3	4	5	6	7	8
James B	Paul	Sebastian*						
Vivek	Richard	Joe*	Nicholas*					
Richard	Adam F	Joe*						
Robert B	Paul	Matthew*	Sebastian*					
Winston	James B	Sebastian*						
Adam C	Winston	Lewis*	Robert D	James P*	Matthew*			
Lewis	Adam C*	James D						
Robert D								
Adam F								
Joe	Vivek*	Richard*	Nicholas*					
Nicholas	Vivek*	Joe*						
Paul	James D	Joshua*						
James P	James B	Robert B	Winston	Adam C*	Lewis	Robert D	Matthew*	Ruth
Matthew	Robert B*	Adam C*	Lewis	Robert D*	James P*	Michael		
Daniel(ab)	Vivek	Richard	Nicholas					
Joshua	James D*	Paul*	Michael*	Karen				
Michael	Joshua*	Karen						
Sebastian	James B*	Robert B*	Winston*	James P				
James D	Joshua*	Michael						
Katie	Victoria	Laura*	Helen	Elizabeth*	Hayley	Jade*		
Laura	Katie*	Ruth	Louise	Helen	Elizabeth*			
Ruth	Louise*							
Louise	Shaheeda	Ruth*						
Helen	Victoria							
Elizabeth	Victoria	Katie*	Laura*	Louise	Helen	Hayley		
Shaheeda	Emily	Louise*						
Hayley	Jade*							
Jade	Katie*	Laura	Elizabeth	Hayley*	Emily	Karen*		
Emily								
Karen	Jade*							
Victoria								

注:
* 互相选择了对方
(ab)缺席

图3.4 观察记录

那些传统的眼光看来'男人气'的游戏和活动,主要与其他男孩子结为伙伴。同样地,女孩子也倾向于和同性呆在一起,但她们不像男孩子那样稳固,有更多的其他可能。"

经常被别人选择为朋友的儿童多性格外向,能轻易地交到朋友。我感到吃惊的是,Jade有时候是相当暴力的,但选他的儿童也不少。提到 Jade 名字的儿童多数是非常文静的,或许他们需要一个性格强势的人来带动。

事实上,许多儿童互相选择对方为友,这在 Brain 和 Martin 看来正是五六岁儿童的特点之一,Brain 和 Martin (1989)曾说:"这个年龄的儿童在结伴游戏中是快乐的。"

在没有被提名的儿童中,Robert T 和 Adam F 个性文静,看起来偏爱独自玩耍;Emily 很爱指挥人;Victoria 受冷遇很是出人意料,可能是因为她即将转学。

建议

虽然结果在很大程度上是意料之中的,但绝不是意义不大的,因为我们可以过一段时间后再做一次这样的观察,以考察儿童的朋友圈是否保持稳定。若真这样做,那本次观察是极有价值的。可惜的是,本次观察的结果并不能让班级教师用作准确的参考资料,因为明年这个班级的儿童将被分入不同班级,儿童交往的对象变化了,这次观察也就不能成为可靠的依据了。

直方图

在第 1 章中我们把直方图看作是记录全班儿童完成一项任务的能力的方法之一。在下面这个例子中,直方图被用来直观地表征一对双胞胎在典型的一日活动中花在不同活动上的时间。这些时间由全天候的记录得来,而后再用图形表示出来。

观察

观察日期:1993 年 9 月 14 日　　　**开始时间**:上午 9:00

　　　　　　　　　　　　　　　　结束时间:下午 4:30

成人数目:2

儿童数目:2

儿童姓名:Aidan   **年龄**:1 岁 2 个月

         Marc   1 岁 2 个月

环境:整幢房子。

目的:考察 1 岁双胞胎全天的保教计划。

目标:记录一天中在社会性照料和玩耍上的时间,精确到分钟。

观察记录

上午	9:00—9:10	在游戏屋中玩耍
	9:10—9:15	换尿布
	9:15—9:30	在游戏屋中玩耍
	9:30—9:40	点心时间
	9:40—10:15	在游戏屋中玩耍
	10:15—10:30	洗脸,换上外出服装
	10:30—12:00	外出去花园
中午	12:00—12:15	看电视
	12:15—12:45	午餐
下午	12:45—1:10	在花园里玩耍
	1:10—1:20	清洗和换尿布
	1:20—3:05	睡觉、休息
	3:05—3:10	换尿布
	3:10—3:30	点心时间
	3:30—4:30	在游戏屋中玩耍

结论

双胞胎一天的时间大部分用于玩耍和外出——共计 235 分钟。这个年龄的孩子需要午睡——105 分钟。除了一小段时间用来看电视(15 分钟),一天中余下的时间都用于清洗和进餐——共 95 分钟。

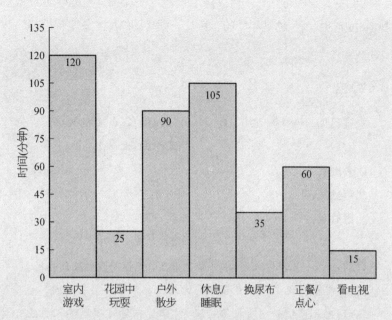

图 3.5　直方图表示一天中花在各项活动上的时间

评价

　　这个家庭的一日照料程序与 Patricia Geraghty(1988)推荐的日程安排非常相似,她曾在论及计划儿童的一日活动时说:"为年幼儿童制定的一日照料程序的核心是玩耍,与专门用于常规活动(如清洗、午餐、点心和休息时间等)的时间相平衡。"

建议

　　为了评估儿童一日常规活动的质量,有必要对玩耍作更详细的书面/叙事性观察。

饼图

　　饼图是用图片的方式来显示一段时间或一群儿童分成不同类别后在一个圆(360 度)中所占的百分比。前面例子中用直方图表示的结果也可以用饼图形式表现出来。

　　在第 1 章中,我们曾用饼图来表示班级中能完成一个操作的儿童的百分比。在下面这个例子中,我们用饼图来表示一个儿童花在不同活动上的时间量。总的时间长度可以任意长,但一般说来,越是年幼的儿童,时间长度越短,因为越是年幼的儿童对一项活动的注意长度越短。

观察

观察日期:1994 年 7 月 3 日　　　**开始时间**:上午 10:45

　　　　　　　　　　　　　　　　　结束时间:上午 11:00

成人数目:1

儿童数目:3

儿童姓名:Joseph　　　　　　　**出生日期**:1990 年 10 月 21 日

　　　　　　　　　　　　　　　　　年龄:3 岁 8 个月

目的:观察一位 3 岁 8 个月的儿童在自由选择游戏时段的情况。

目标:观察并记录该儿童在不同活动上的注意力集中时间。

环境:幼儿园中的一块安静的地方,那里布置好了几样不同的活动。

观察记录

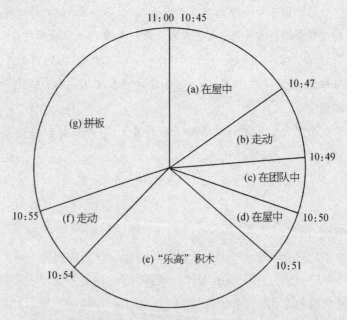

图 3.6　饼图显示了每项活动上所花时间的百分比

(a) Joseph 跪下来,把梯子搬进又搬出玩具屋。他绝大部分时间使用右手,把梯子搬进搬出玩具屋;当他竭力将梯子搬回屋子时,他弯下腰。仔细地观察他做的事:他放下梯子,用右手拿起一件家具,一边看一边用手指摩挲它,而后把它放在身边的地板上。他站起了身。

(b~c) Joseph 无目的地在房间里游走,最后停了"乐高"积木前,他把两只手放进积木盒子里并在盒子里拨动"砖块",同时观看走到玩具屋附近的 Daniel。Joseph 走向玩具火车场景并蹲下来看着 Matthew 推动火车前进。他站起身,沿着火车轨道走着,而后转向玩具屋。

(d) Joseph 跪立着用右手拿起了梯子。他弯着腰,小心地把梯子放在屋子底楼和二楼之间的地带。他围着玩具屋膝行着,差不多绕了一圈的时候站起身来,又回到了放着"乐高"积木的桌子边。

(e) Joseph 站在放有"乐高"积木的桌子边,用右手的拇指和食指拿起一小块积木放在桌子上,又用同样的两根手指把它推倒。他重复了上述动作 3 次之后才离开了桌子。

(f) Joseph 在房间里走动,根本没怎么注意各个桌子上放了些什么,教师建议他玩拼板,他回答"好的",便走向了放拼板的桌子。

(g) Joseph 和教师一起坐在放拼板的桌子边。他用拇指和食指将拼板的各块组成从底板上移开,而后开始拼图形,将一块块小拼板放到正确的地方。他不需要帮助,只是间或看看教师以获得鼓励。他完成了这幅拼板,微笑起来。

结论

当可以自己选择活动时,Joseph 花了一些时间来选择,但即使他选定了一项活动,他也没能在该项活动上专注几分钟。此后,他起身在房里走动,再短暂地玩了另一项活动。在一位成人的帮助下,Joseph 比较容易地选定了一项活动并专注其中。

评价

Joseph 进入幼儿园只有半个学期,面对众多供选择的活动仍感到无所适从。当有人给他建议,让他受到肯定后,他能静心坐下来专心从事活动。因来幼儿园的时日很短,他还刚开始探索幼儿园的环境,偏爱站在一边观看其他儿童怎样玩耍,而不是亲自参加。他很少说话,从表现来看他还没有达到 Mary Sheridan(1975)所说的"与其他儿童一起参与室内、户外活动"的阶段。

建议

应该向 Joseph 提供一些有助于培养其专注力的活动。在自由活动时间,他需要别人给予指导,可选项的数目也要加以限制。还应当鼓励他加入小型的群体活动。

饼图的变式

前文的观察中,饼图是用图形表示每一项活动上所花费的时间占总时间的百分比,而后写下来的要点注明了每块时间段里发生了什么。

其实我们也可以直接在饼图上记录活动内容,在时间分段比较少时,这样做尤显方便。

下面这个观察,其时间总长度与前一个观察相差无几,不过它观察的是一个较长时间单独活动的儿童。

观察

观察日期:1994 年 7 月 24 日　　**开始时间**:上午 10:40

　　　　　　　　　　　　　　　　结束时间:上午 10:57

成人数目:1
儿童数目:1

儿童姓名：Rupert　　　　出生日期：1990 年 6 月 16 日
　　　　　　　　　　　年龄：4 岁 1 个月

目的：观察一个 4 岁儿童在自由活动时间选择活动项目的情况。

目标：观察和记录一个 4 岁儿童的注意力长度和动作发展。

环境：幼儿园，布置了多种活动供儿童选择。一角是攀爬结
　　　　构，包括一架滑梯。有一张用废旧材料搭建模型的桌
　　　　子，旁边有老师指导。还有绘画和数字游戏。

观察记录

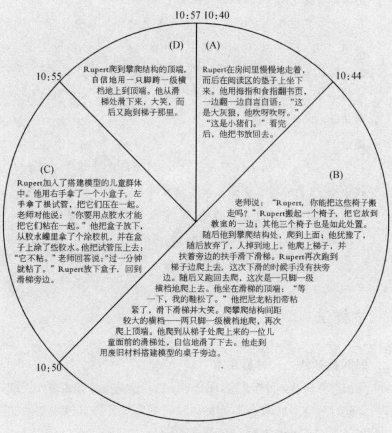

10:57 10:40

(D)
Rupert爬到攀爬结构的顶端，自信地用一只脚跨一级横档地上到顶端。他从滑梯处滑下来，大笑，而后又跑到梯子那里。

10:55

(A)
Rupert在房间里慢慢地走着，而后在阅读区的垫子上坐下来。他用拇指和食指翻书页，一边翻一边自言自语："这是大灰狼，他吹呀吹呀。""这是小猪们。"看完后，他把书放回去。

10:44

(C)
Rupert加入了搭建模型的儿童群体中。他用右手拿了一个小盒子，左手拿了根试管，把它们压在一起。老师对他说："你要用点胶水才能把它们粘在一起。"他把盒子放下，从胶水罐里拿了个涂胶机，并在盒子上涂了些胶水。他把试管压上去："它不粘。"老师回答说："过一分钟就粘了。"Rupert放下盒子，回到滑梯旁边。

(B)
老师说："Rupert，你能把这些椅子搬走吗？"Rupert搬起一个椅子，把它放到教室的一边；其他三个椅子也是如此处置。随后他到攀爬结构处，爬到上面；他犹豫了，随后放弃了，人掉到地上。他爬上梯子，并扶着旁边的扶手滑下滑梯。Rupert再次跑到梯子边爬上去，这次下滑的时候手没有扶旁边。随后又跑回去爬，这次是一只脚一级横档地爬上去。他坐在滑梯的顶端："等一下，我的鞋松了。"他把尼龙粘扣带粘紧了，滑下滑梯并大笑。爬攀爬结构间距较大的横档——两只脚一级横档地爬，再次爬上顶端。他爬到从梯子处爬上来的一位儿童面前的滑梯处，自信地滑了下去。他走到用废旧材料搭建模型的桌子旁边。

10:50

图 3.7　以不同形式的饼图记录信息

结论

　　Rupert 在自由活动时间里相当地繁忙。一开始，他选择
了一项安静的活动——看书，很高兴地沉浸在图画中几分钟。

而后他对滑滑梯这一运动性活动很感兴趣。在刚接触攀爬结构和滑梯的时候,他非常谨慎;但在不断重复中,他获得了自信并乐在其中。此后他还对用废旧物品搭建模型产生了兴趣,但很快又跑回去玩滑梯,可见搭建模型并没有真正成为他计划中的一部分。

评估

Rupert 在玩攀爬结构和滑梯中展现出自信、目的性和毅力。他重复这项活动好几次,在此过程中他一直全心投入,并在多次重复中收获了自信。一个代表性的 4 岁儿童是"动作灵活、敏捷的……会爬树和梯子。能自信地一步一级地上下楼梯"(见第 7 章)。4 岁的儿童在安全的环境中喜爱活动性强的活动,Rupert 的表现充分证明了这一观点,他专心于较安静的活动的时间很短。

建议

Rupert 对于搭建模型并不投入,因为搭建模型对他们来说太难了,教师应当提供儿童在运用精细动作技能方面获得成功的机会,并作进一步的观察。若成人对眼前的事情很感兴趣,那么儿童在这件事上专注的时间也会更长。

抽样法

时间抽样法——目标儿童

为一次观察设定目标儿童,便是对一位儿童的行为和语言作详细的记录。面对一位儿童,使用时间抽样法而不是书面/描述性观察法的原因在于,前者会帮助你关注:

谁对谁说话?

谁主动开始的社会性互动?

目标儿童在倾听或在受到鼓动时而说话?

目标儿童在一项活动上花了多长时间——他/她很投入,还是很快地换活动呢?

正如第 1 章中讲到的那样,记录的时间间隔取决于你的目的和目标是怎样的。

观察

时间抽样法——观察一位目标儿童

观察日期:1994 年 3 月 19 日　　**开始时间**:上午 8:55

　　　　　　　　　　　　　　结束时间:上午 9:04

成人数目:1

儿童数目:2

儿童姓名:Ryan　　　　　　**年龄**:4 岁 7 个月

　　　　　　Andrew　　　　　　　　4 岁 9 个月

目的:观察目标儿童 Ryan 在与另一位年龄相近的儿童玩橡皮彩泥时的互动。

目标:观察并记录社会性互动。

　　　观察并记录儿童使用的语言。

环境:材料屋正中的一张桌子。Ryan 和 Andrew 并排站着,他们都拿了一块彩泥。一位成人坐在他们对面的桌边。

代码:TC = Ryan(目标儿童的英文单词"target child"的首字母缩写);CI = Andrew(卷入儿童的英文"child involved with"的首字母缩写);A = 成人(即"adult");SP = 独自游戏(solitary play);PP = 平行游戏(parallel play);Pair P = 互动游戏(interactive play)。

观察记录

时间	活　动	编码	语　言	社会性
8:55	TC 把彩泥放在桌上并用手把它压平。他把彩泥滚成球,又把它略略压扁。	TC	看,生日蛋糕	SP

时　间	活　　动	编码	语　言	社会性
8:56	TC 把蛋糕推向 CI。	TC—CI	给!（CI没有回答）	PP
8:57	TC 把蛋糕拿回自己面前,把它揉成香肠状。	TC—CI	看看我做了什么!	
		CI—TC	这是什么?	
		TC—CI	香肠。	Pair P
8:58	CI 伸出胳膊抓住了香肠另一端——香肠断成了两截。	CI—TC	两根香肠。	Pair P
8:59	TC 拿起两段彩泥香肠揉成圆球状。	CI—TC	给我。	
		TC—CI	不。	Pair P
9:00	CI 伸手过来抓了一个彩泥小圆球。他背朝着 TC,TC 在他背上推了一把。	TC—CI	我的。	
		CI—TC	不是。	
		TC	发出怒吼。	
	CI 把彩泥给 TC。	CI—TC	分享。给。	Pair P
9:01	TC 和 CI 把小彩泥球揉在一起,滚成大球,又把它拉开揉捏。			Pair P
9:02	TC 伸长胳膊到桌子对面拿了个长柄平底锅,他看着 CI。	TC—CI	放进来,这是晚餐。	Pair P
	TC 拿着锅,让 CI 把彩泥球放进来。他们拿给成人看。	TC/CI—A	看,晚餐。	
		A—TC/CI	看起来很可口,我能吃一点吗?	Pair P
9:03	TC 围着桌子走过去,拿起盘子和叉子,拿到 A 面前。他放下盘子把叉子递给 A。	A—TC	谢谢!	Pair P
9:04	CI 走到 A 身边。	CI—A	要什么?	
		TC—A	薯条和豌豆	Pair P

结论

在观察开始之前,两位儿童均在玩彩泥,但他们进行的是独立游戏。TC 揉彩泥球和压扁它,在观察时间的第一分钟里他仍是这样玩着。TC 将彩泥揉成蛋糕形状并将之递给 CI,而 CI 没有给予回应。在 TC 第二次递出蛋糕时,CI 抢走进而拉坏彩泥。TC 在得到机会时用推"回敬"了 CI。几分钟后,两个男孩忘记了前面不大愉快的事件,一起玩,将游戏发展成想象游戏。

评价

Catherinehee(1990)认为:"4 岁的儿童对自身的情感已有了相当大的控制,能同时运用语言和身体语言与别人交流,其间常常不需要成人的介入,他们能够独立完成交流。"这种行为在本次观察中表现得非常明显:两个男孩子不用成人的帮助就能在一起玩得很好,当成人加入他们的想象游戏时,他们异常开心。

建议

在玩彩泥的桌子上提供品种更多的工具,以便想象游戏能得到拓展,开展得更精细。

时间抽样法——儿童群体

你还可以用时间抽样法来观察一群儿童互动。在抽取的观察时间里,你可以采用书面/叙事观察法的形式来记录,而不是真的作连续不断的叙事记录。当你同一时间无法兼顾记录和观察时,这一方法对你尤为有利。

观察

观察日期:1994 年 7 月 15 日　　　**开始时间:**上午 10:20

结束时间:上午 10:28

成人数目:1　　　**儿童数目:**5

儿童姓名： **年龄：**

Thomas 3 岁 6 个月

Christopher 3 岁 8 个月

Ronan 3 岁 1 个月

Zara 4 岁 2 个月

Liam 4 岁

目的：观察一群儿童怎样使用一套小型的火车玩具。

目标：观察并记录想象游戏，合作性游戏及使用的语言。

环境：幼儿园的户外活动场所，其中布置了几样活动供儿童选择。

姓名编号： T = Thomas C = Christopher R = Ronan

Z = Zara L = Liam A = 成人（这里指幼儿园教师）

观察记录

10:20 Thomas 和 Christopher 刚刚搭好火车轨道。他们各自有个火车头，面对面地沿着轨道开过来。

C—T：Thomas，闪开。

T—C：等一下。

C—T：我们需要一座桥——现在太晚了！

10:21 Thomas 用两只手推着火车前进。他拿起一辆卡车，把它加到火车队伍中。

T—C：这是我的超长火车。

C—T：我们要带上 Gordon 吗？

10:22 Ronan 加入进来，并从盒子里拿出一个火车头。

R—T：看我的。

R—C：Christopher，这部火车引擎叫什么名字？

C—T、R：让 Ronan 做 Percy 或 Thomas。

10:23 Zara 和 Liam 加入进来并想参加到游戏中。

Zara 倾身靠向轨道零件："把它们给我。"

10:24 男孩们继续他们的游戏,没有理睬 Zara。

L—T、R:我需要一列火车。

C—L、T、R:我需要另外的轨道。

10:25 Zara 走开了。

C—L、T、R:我们就要爬山了。嗨,Gordon,我能爬过去吗? 让我过去吧。

10:26 Christopher 跪下来推火车。他停下来,指着桥的部分。

C—L、T、R:我要这个,我打算停在那里。

L—C、T、R:我现在有一个乘客。

10:27 幼儿园教师加入进来,搭建了一条轨道分支。

A—C、L、R、T:我们可以从这里走一条小轨道出去,对吗?

10:28 游戏还在进行当中,但表示整理玩具的铃声响起来了。

结论

一小群有主见的男孩们开展合作性游戏,每个人都参与其中。相比较而言,Christopher 比其他人更具有控制性和组织性;Zara 很快对这个游戏失去了兴趣,因为她无法拿到其中的一列火车。显而易见,孩子们看过《火车头汤玛士》(*Thomas the Tank Engine*)系列片*,用片中的名字来命名他们的火车头。

＊《火车头汤玛士》(*Thomas the Tank Engine*)是个可以启发儿童想象力及有助于集中注意力的益智儿童节目,在 1984 年于英国首播,之后分别在欧美和日本流行起来,它曾被翻译成 21 种语言,并在 130 多个国家播出过,而且荣获多个国家性奖项。

热心助人的火车头 Thomas(汤玛士)因为原先工作的火车头厂负债,被卖给 Sir Topham Hatt,后得到站长的赏识,独自管理一条火车线。热心助人的火车头 Thomas 有很多火车好朋友,他们每天都会接载不同的乘客,因而产生了不少趣事,从中更认识到公平和友爱的重要。Thomas 是一个完美主义者,最喜欢帮助别人,常常因为过分热心而令自己卷入麻烦中,但是他乐观开朗,很快就会忘记不愉快的事,所以时常都是笑口常开、心情愉快。——译者注

评价

这一想象游戏的开启得益于《火车头汤玛士》系列片,儿童们在群体中演出故事时互相配合得很好,与 Catherine Lee 在《儿童的成长与发展》(原书名:*The Growth and Development of Children*)一书中所说的相符:3～4 岁的儿童"喜爱与其他儿童结伴","自如地同自己、同他人说话",并且会"与一两个或一小群小伙伴玩得很开心"。本次观察的儿童语言非常流畅,展示出较好的词汇量,大约掌握了 900～1 500 个词汇。他们围绕着一项活动轮流参与,但并不始终一成不变。

建议

对这个年龄的儿童,可以提供更长的活动时间,以便发展和拓展他们的想象游戏。比如,这群儿童可以搭建更为复杂、精巧的轨道,形成一个铁路系统。

事件抽样法

事件抽样法常常用于观察有反社会行为倾向的儿童,如脾气暴躁、欺凌他人等。作这类观察的目的是记录下所有事件,记录下事件发生之前和之后有什么现象,看看事件的发生是否有什么模式,从而为制定有效的策略来矫正儿童的不良行为提供帮助。

观察

观察日期:1994 年 1 月 20 日　　　　**时间**:全天

成人数量:2

儿童数量:全班

儿童姓名:Ben　　　　**年龄**:5 岁 4 个月

环境:小班教室

目的:观察 Ben 全天在教室的行为。

目标：记录所有反社会行为事件。

识别事件之前发生了些什么。

记录事件之后发生了些什么。

观察记录

见表3.1。

结论

如果别人侵犯到Ben，Ben的反应是非常迅速的。他试图不询问他人意见就拿走他想要的东西。在一天之中，Ben并不总是挑起事端的人。

评价

第7章中对4岁儿童的社会性发展的其中两个方面作了如下描叙："喜爱其他儿童和成人的陪伴，但这种陪伴往往在合作与冲突中二者必居其一。他们懂得了应当使用语言而非暴力性动作。"

Ben 5岁了，但当他遇到阻碍或事情的发展让他不称心时，他仍然倾向于使用"武力"解决，而非语言。而其他儿童看来已熟知这一点，并会激怒Ben，诱使他"报复"。

建议

鼓励Ben以他人能接受的方式来表达自己的感受，如：黏土，水，角色扮演。

事件发生后，教师要倾听双方的解释。

奖励正确的行为。

快照法

正如标题所表达的那样，快照观察法是对特定区域、特定时间段里某一时刻发生的事进行抽样。人们运用这类观察法，通常是为了发现幼儿园或教室里的哪些区域在使用当中。它也可以用来观察哪些儿童在一起玩。这种观察法的记录方式相当灵活：你可以真的拍一张或一系列的照片，改日再研究这些照片；你可以画一张环境示意图（如同你作追踪

表 3.1 观察记录（日期：1994 年 1 月 20 日）

时 间	事 件	之前发生的事	在 场 的 人	之后发生的事	评 论
11:20	Ben 抢了 James 的橡皮，James 又抢了回来。	Ben 在书写先前选好的一则故事。	桌子边另有 3 个儿童，教师在她的办公桌边。	Ben 骂了 James 一句并打了他的胳膊一下，James 大叫起来。教师出来干预。	Ben 应该先礼貌地询问，如果他做不到这一点，那么可请教师及时干预。Ben 应该控制他的怒气。
11:35	前一事件再度发生。	继续在桌边写。	就 Ben 和 James 两个人在桌上。教师在图书角。	James 叫教师来干预，Ben 换位子单独坐下。	再次提醒 Ben，在拿东西前要先询问对方。
1:20	Elliot 从背后推 Ben，Ben 摔倒了。	儿童正在换上体育课用的衣服。	所有儿童在一起换衣服，教师协助他们。	Ben 跳起来，拉了 Elliot 的上衣。Elliot 大叫，教师来干预了。	Ben 并非此次事件的肇事者。
1:50	Ben 尖叫，因为他认为有人拿走了他的领结。	体育课后，儿童们正在换回原来的装束。	所有儿童在一起。	几位儿童似乎被吓着了，倒退几步离远些。教师干预，找到了领结。	Ben 需要学会用一种别人能接受的方式来表达自己。

快照法观察

日期：1994 年 6 月 6 日　　　　**开始时间**：上午 10：15

　　　　　　　　　　　　　　　　结束时间：上午 10：20

儿童数量：看护学校内所有儿童

年龄：2 岁 6 个月至 4 岁

成人数量：3

目的：观察并记录儿童在看护学校内不同区域里做些什么。

目标：为了调整活动安排，或是在必要时，限制某些活动的参与人数。

环境：看护学校的教室。

观察记录

　　教师安排了手指画活动，Sarah、Robert、Philip 和 Shaheeda 参与其中。

　　保育员在给 James、Ben 和 Candy 念故事。

　　Sophie 和 Jasmin 在沙槽那里玩沙子。

　　Sam、Angela、Helen、Nicola 和 Neil 在"娃娃家"区玩。Sam 和 Angela 穿着护士的服装，Nicola 脖子上套了个听诊器，Helen 和 Neil 躺在小床上。

　　Julia 和 Reuben 把火车轨道拼装起来，在上面玩"火车头汤玛士"的游戏。

　　Stephanie 从"娃娃家"区走到手指画活动的场地。

　　Naomi、Pat 和 Keily 在观察者的监督下玩水。他们把水泼到轮子上，观看轮子转动。

结论

　　几乎所有儿童都至少参与了一项活动，只有 Stephanie 例外，她只是从"娃娃家"区走向手指画活动的地方。这些活动区域都没有人数过多的情况,虽然,"娃娃家"区正处于忙碌之中,但还可以再吸纳更多的儿童。

建议

目前阶段无需改变现有的活动内容,玩沙和玩水的装置可移到远些的地方,因为玩沙和水时,儿童有些拥挤。

书面/叙事性观察

我们在第 2 章中介绍过书面/叙事性观察的两种形式:结构化和非结构化。现在,我们来看看这一大类别下,本章开篇列出的其他几种形式。

比较性观察

比较性观察可用于在同一时间评估相同年龄的两位儿童,实施方式之一是检查清单法。比如,你可以在评估儿童执行一项任务或完成体育活动的能力时将他们的测评结果相互比较,或是将之与发展常模作比较。你也可以将同一位儿童在不同情境中的表现、能力作比较。它通常用于监控特殊需要儿童的行为变化或发展。

下面的例子中对一位儿童表示如厕需要的能力进行比较。对有特殊需要的儿童,要经常加以监控,因此在讲到他的变化时要给出清晰的说明,这样便于再次进行观察时作客观的评估。下面的例子同时提供原始的叙事性记录和后来的比较性观察。

原始观察

日期:1994 年 1 月 18 日　　　　**开始时间**:上午 10:25

　　　　　　　　　　　　　　　　结束时间:上午 10:31

儿童数量:1

成人数量:1

儿童姓名:Hayley 　　　　　　**年龄**:4岁4个月

环境:厕所区域。那里有3个厕位,观察时儿童使用的是比较低的一个,它带有扶手,以方便能力较弱的儿童能够独立使用。

目的:观察新入园儿童在没有协助的情况下上厕所的能力。

目标:观察和记录Hayley表达如厕需要的能力。

观察和记录Hayley使用厕所卫生设施的能力。

观察记录

Hayley扭动着身子,双臂抱紧身体。她碰碰教师的手,对她说了什么。教师拉起她的手,缓慢地、不甚平稳地一起走向厕所。到了厕所区域后,Hayley走向小隔间,用左手推开门。她走了进去,当她接近高起一个台阶的地面时,她先伸出右臂,手扶到墙上而后再迈上去。待两只脚都站到高一阶的地面后,她朝前走了几步再转身。她静静地站在那里等待。教师问她是否一切都正常时,Hayley微笑着抬起右手点点门后面。教师从门后拿来坐便器放到厕位上,Hayley仍然很安静,笔直地站着,于是教师鼓励她自己把裤子拉下来。Hayley做到了,得到了教师的表扬。Hayley伸出胳膊,教师把她抱到坐便器上,Hayley微笑,教师说她要去看看隔壁间里的小朋友,但很快会回到这里来。坐在坐便器上时,Hayley弯着腰,头搁在膝盖上;上完厕所后,她扭动着站起来,裤子褪在脚踝处,就这样拖着走到高一阶地面的边上。接着Hayley左手扶着墙走了下来。她继续拖着裤子向前走,一直走到厕所门外侧。教师回来了,问Hayley是否结束了,Hayley微笑着点头。教师蹲下来,用话语鼓励Hayley把裤子拉上来。Hayley没有动手,点点头,说"不"。在教师的再次鼓励下,Hayley挪到墙壁附近,不平稳地拉起了内裤;接着,她努力地想把长裤拉起来,但没有成功。教师帮她拉起来,夸她是个好孩子。

结论

Hayley 清楚地知道她什么时候需要上厕所,并能够告诉教师她的这种需要。

她已会自己拉下裤子,包括长裤和内裤,需要多多鼓励。

她还不会单独上厕所,但能够短时间内独自呆在厕所。

Hayley 能够从厕位上起身离开,但没有尝试整理自己的衣物。

如果服饰宽松,如内裤,Hayley 在鼓励下能够拉起来;但如果是比较贴身的衣物,如她的长裤,她需要帮助。

评价

Hayley 通常能够让成人知道她上厕所的需要,但偶尔会例外。因为生理上的残疾影响了 Hayley 的动作技能、平衡和动作协调性,她常常无法脱下紧身的衣物,需要成人持续的鼓励和表扬。根据 Catherine Lee(1990)的观点,Hayley 应当能够独立上厕所,在脱衣物方面应该没有或很少有困难。以 Lee 的标准来衡量,Hayley 的表现相当于 2 岁半的儿童,"在需要立即上厕所之前,会告诉成人要上厕所,但仍然会有偶尔的例外"。

Hayley 第一个学期只上看护学校的半日(上午)基础班,复活节假期之后来全天。此后有一段时间,在日常如厕时间,教师发现她常常已尿湿了裤子,而且她不像以前那样对教师说要上厕所。因此,我们决定对她进行为期一周的观察,看看她是否因为上全天班而有了倒退。我们为本次观察设计了一张观察表,由保教人员填写。

观察

日期:1994 年 4 月 25 日   **开始时间:**4 月 25 日

                                                结束时间:4 月 29 日

儿童数量:1

成人数量:5

儿童姓名: Hayley　　　　　　**年龄:**4 岁 7 个月

环境:看护学校,厕所区域

目的:再度评估 Hayley 要求上厕所的能力。

目标:记录 Hayley 要求上厕所的次数。

记录 Hayley 成功使用厕所的次数。

记录 Hayley 尿裤子的次数。

观察记录

要求保教人员在带 Hayley 去上厕所时作相应的记录:(a)当Hayley 要求时;(b)当她们注意到她不安静地扭动时;(c)在常规的如厕时间。

她们还要记录 Hayley 尿裤子的次数。表格用于填写一周的观察情况(见图 3.8)。

结论

Hayley 完全没有主动要求上厕所。

很多时候保教人员注意到了 Hayley 需要上厕所。

在常规的如厕时间,保教人员带 Hayley 去厕所时,Hayley 上厕所。

Hayley 经常是在午餐后尿裤子。

评价

Hayley 不再主动提出要去上厕所,而 3 个月前她能做到这一点。看来她的社会性训练有所倒退。参照发展里程碑(见第 7 章)——2 岁半的儿童"日间通常保持干爽,不尿裤子",Hayley 1 月份时处于该水平。

建议

与 Hayley 的母亲讨论这一问题,了解 Hayley 在家里是否能够表达她的如厕需要。

如果在家中存在同样的问题,那应该请医生检查一下 Hayley 是否有尿路感染。

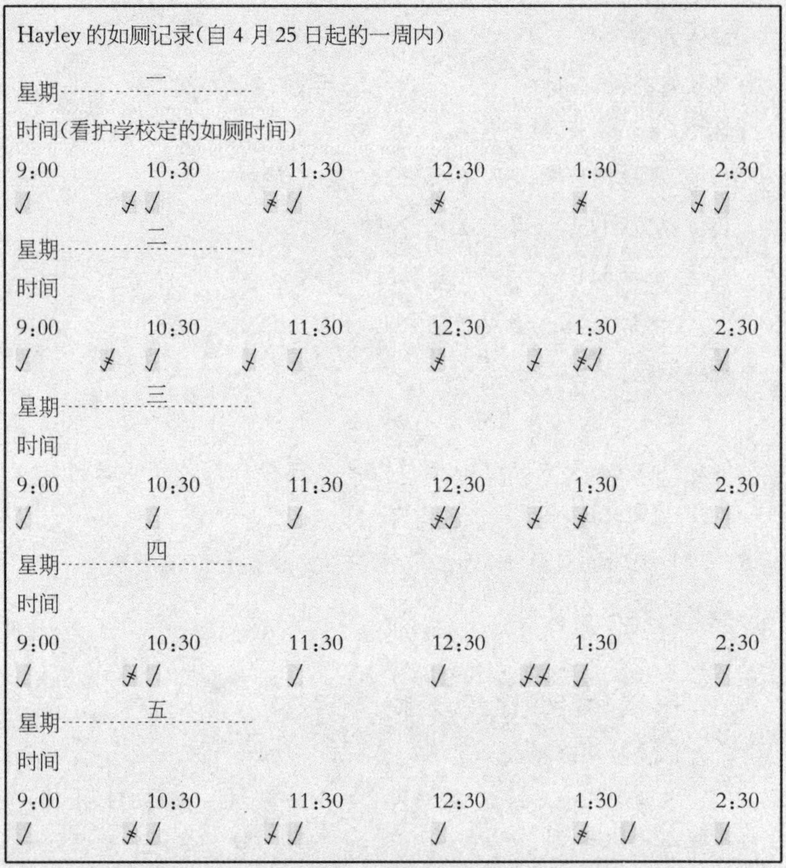

Hayley 的如厕记录(自 4 月 25 日起的一周内)

星期—————————一

时间(看护学校定的如厕时间)

9:00	10:30	11:30	12:30	1:30	2:30
✓	✗✓	✗✓	✗	✗	✗✓

星期—————————二

时间

9:00	10:30	11:30	12:30	1:30	2:30
✓	✗ ✓	✗✓	✗	✗ ✗✓	✓

星期—————————三

时间

9:00	10:30	11:30	12:30	1:30	2:30
✓	✓	✓	✗✓	✗ ✗	✓

星期—————————四

时间

9:00	10:30	11:30	12:30	1:30	2:30
✓	✗✓			✗✗ ✓	✓

星期—————————五

时间

9:00	10:30	11:30	12:30	1:30	2:30
✓	✗✓	✗✗✓	✓	✗ ✓	✓

编码　✓　在看护学校的如厕时间上厕所
　　　✗　保教人员注意到 Hayley 坐立不安而带她去上厕所
　　　✗　发现 Hayley 尿裤子
　　　✗　Hayley 要求去上厕所

图 3.8　Hayley 的如厕记录

　　如果问题只发生在看护学校,那要鼓励 Hayley 主动提出如厕要求,可以用在表格中贴五角星的方式奖励她。

日记和个案研究

　　几乎可采用任何形式的日记来记录儿童的进步。父母们通常会在孩子出生后的第一年里记录孩子的各种发展里程碑,包括孩子开始学会微笑、爬、直立走等的日期,拍照片,记录体重表和保留其他值得纪念的事物。父母们常常将自己的孩子与朋友的孩子或是自己年长的一个孩子作比较,将孩子的发展情况与发展常模作比较则不常见,除非孩子的发展有不明原因的迟缓,需要进一步的关注。

培训课程通常要求学生完成对一个婴儿的个案研究,以便强化他们关于儿童发展的知识。这通常耗时 6 个月左右,在此过程中,学生监控婴儿发展情况,将观察到的发展变化与公认的发展里程碑检查清单相比较。

通常在工作中当儿童有某些特殊需要时我们才开展个案研究。个案研究可能只针对某个领域(如语言),也可能涵盖发展的方方面面。个案研究要先对儿童作描述性介绍,介绍包括一些背景信息。学生进行个案研究前,必须先获得儿童的父母或照顾者的允许。观察所采用的记录方法以及两次观察间的时间间隔如何定,取决于进行个案研究的初衷。就学生观察婴儿的情况来说,通常可以每月观察一次,以便看出一些变化。社会学家研究儿童群体时,通常会采用面谈或调查问卷的形式,时间间隔可能是一年甚至几年。对一名因语言发展迟滞而接受训练的儿童作个案研究,可能以每周面谈一次为宜,并且可采用非常具体的语言记录检查清单。

下面这个对婴儿的个案研究历时 9 个月,之所以对他的发展情况进行监控,是因为他在母亲怀孕 32 周时早产出生。

1993 年 8 月 6 日出生的 Mark 的个案研究

观察

婴儿概况

Mark 于 1993 年 8 月 6 日在圣米迦勒妇产医院出生。Mark 的母亲 Caroline 当时怀孕 32 周,预产期为 10 月 1 日。在 8 月以前,Caroline 的妊娠情况一直都很正常:她有规律地作孕期检查,并且因为这是她的头一胎,她预约了床位,决定在医院待产;她也想好了,如果一切顺利,她会较早出院。

8月1日,Caroline 在髋部的剧烈疼痛中醒来。她给负责探访她,负责在她分娩之前为她安排床位和办理相关手续的助产士打电话。而后,Caroline 住院,医生给她开了药,试图终止阵痛。

Caroline 仍持续有轻微的疼痛,直到8月5日晚间10点整,她的羊水破了。她被送入产房,并于次日凌晨3:30产下 Mark。Mark 立即有了呼吸,但他的体重只有1.9千克,因此他被送入早产儿保育器。

Caroline 恢复得很好,5天后就出院了。她的住处离医院非常近,因此她白天到医院陪伴 Mark,晚上回家。Mark 无力吸吮,需要用滴管喂食,因而 Caroline 要将奶水挤压出来再喂 Mark。

Mark 最初体重下降,自第7天起体重逐渐增加。他仍然无力吮奶,需要滴管喂食,同时他仍然像以前一样要在充满氧气的保育器中加以护理。

在第14天,Mark 停止了呼吸。在恢复呼吸之后,他被检查出肺不张,其原因不明,因而医生给 Mark 使用呼吸机,并给他注射了抗生素作为预防措施。

5天后 Mark 能够自主呼吸了,但他又两度不得不再次使用呼吸机。医生对他的肺承受压力可能带来的后期影响表示了忧虑。到9月17日,Mark 6周大,他被转移到儿童摇床上,首次接受 Caroline 的哺乳。他吃奶时常常很快就累了,并需要滴管帮助进食,但不论如何他的体重逐渐增加,并于9月26日出院。

第一次观察

时间:1993年10月1日　　　　　开始时间:上午10:30

　　　　　　　　　　　　　　　结束时间:上午11:00

儿童姓名:Mark　　　　　　　　年龄:8周

环境:家中

目的:评估 Mark 的发展。

目标:记录 Mark 的发展阶段,作为婴儿个案研究的一部分。

评估记录

　　Mark 仰卧在他的小床上,双臂平摊开来,头在正中间。当把他竖直地抱起来放到护理垫上时,Mark 的头向后坠,需要支持。妇产科医生脱光 Mark 的衣服,称他的体重——3.6千克。医生让 Mark 俯卧着,Mark 转动头部看他的母亲。

　　Mark 开始哭,Caroline 把他翻过身来,一边给他穿衣服,一边和他说话。Mark 安静下来,专注地看母亲的脸。Caroline 作了一个小试验——把舌头伸出来搅动,一会儿之后 Mark 重复了她的动作。

　　Caroline 准备给 Mark 哺乳。当母亲的乳房挨近时,Mark 转头迅速占据了奶头。他吮吸了 5 分钟,吸得很好。在吮吸过程中,他偶尔发出哼哼声,脚趾头惬意地踡了起来。在结束喂奶时,Mark 专注于 Caroline 的脸,当 Caroline 对他说话时,他微笑。

结论

　　Mark 重 3.6 千克。

　　Mark 通过重复母亲的动作、微笑,对她作出回应。

　　Mark 俯卧时会抬头和转头;当被竖直抱起时,他的头后仰。

评价

　　根据第 7 章中给出的发展里程碑来看,Mark 当前的体重相当于新生儿的平均体重。虽然他已经出生 8 周了,但他原本应该在本周出生。他被抱出小床时头颈部发育迟缓的表现也更近似于新生儿,而非 8 周的婴儿。

　　从妊娠期来说,Mark 是个新生儿,但实际上他已出生 8 周。对照常规的发展里程碑,Mark 的发展水平介于这两者之间。

第二次观察

时间:1994 年 2 月 7 日　　　　开始时间:下午 2:15

　　　　　　　　　　　　　　结束时间:下午 2:50

观察记录

Mark 正俯卧在护理垫上。当他听到厨房里传出为他准备食物的声音时,他用前臂支撑起上半身环视房间。Caroline 走进房间,当她抱起 Mark 把他放到婴儿椅上时,他发出咯咯声。在母亲的扶持下,Mark 坐得相当端正。在享受母乳前,他吃下了蔬菜泥。

哺乳结束后,Caroline 让 Mark 站在她的大腿上。Mark 用双腿支撑身体的重量,在母亲的腿上小小地弹跳了几下,而后偎依在母亲的胸口。几分钟后,Mark 开始扭动,于是 Caroline 让他再次俯卧在护理垫上,他用前臂撑起身子四处看,而后开始哭泣。Caroline 让他翻身仰卧,并给了他一个摇铃。Mark 拿了几秒钟,摇铃就掉下来了。他再度哭起来,于是 Caroline 给他换了尿布,把他放上床让他睡觉。他继续"抱怨"了一会儿之后入睡了。

结论

Mark 在俯卧时能够用他的胳膊支撑起身体环视周围。

在支持下,他能够坐,并且能在扶持下支撑自身体重站立。

Mark 无法翻身,也不能长时间握住摇铃。

他认识熟悉的声音,诸如准备午餐的声音。

评价

根据第 7 章中的发展里程碑,6 个月大的婴儿在扶着站立时应能够支撑自身体重,能够扶着坐稳,能识别熟悉的声音并作出反应。这些 Mark 都做到了。6 个月大的婴儿通常还能用手掌撑起身体和翻身,能够握住摇铃并将之从一只手递到另一只手,这些 Mark 还做不到。

第三次观察

日期:1994 年 5 月 5 日　　　　**开始时间**:下午 12:30

年龄:9 个月　　　　　　　　　**结束时间**:下午 12:50

观察记录

Mark 刚从他上午的睡眠中醒来,他坐在小床中发出叫声。当 Caroline 走进房间,他停止了大叫,伸出胳膊以便被抱出去。

Caroline 把他放在护理垫上,拿走湿透的尿布。Mark 扭动着,翻过身来。Caroline 重新让他仰躺着,给了他一只玩具鸭子。Mark 拿着看了一会儿,把它塞进嘴里。Caroline 带他到楼下,让他坐在电视机前的地板上。Mark 坐得很稳,但随后他探身去拿玩具砖块时,摔倒了,他哭了起来,以便得到帮助能再坐起来。

Caroline 让他坐在高脚椅中,并给了他一片土司。Mark 拿起来开始吮吸。

结论

Mark 能够自己坐起来并出声寻求注意。

他能够翻身,并在没有支持的情况下坐得很稳,但在探向玩具时翻倒了。

他能够握住玩具并将它从一只手递到另一只手中,他会用手拿食物进餐。

评价

发展里程碑中指出,9 个月的婴儿能够大声叫以获得注意,会用嘴巴来"考察"事物,能较好地用手进餐。Mark 做到了这些。

9 个月的婴儿应该能够坐较长时间,并会倾斜身体去拿玩具而不会失去平衡。Mark 能够坐稳,但在伸手去够一件玩具时未能保持平衡。

9 个月的婴儿通常会扶着站立和开始爬行,但 Mark 尚未做到这些。从他的事实年龄看,他的发展情况略落后于同龄儿童的水平。

第四次观察

日期:1994 年 8 月 6 日	**开始时间**:下午 2:30
年龄:1 周岁	**结束时间**:下午 3:00

观察记录

Mark 坐在地板上,玩一个包起来的包裹。他努力地把包装纸拉掉,把纸片放到嘴里。他妈妈叫他,于是他转身看着她,而后爬过去,用力拉着她的裙子站起身来。他扶着靠背长椅缓缓地向前走,抓起了一个皮球。当皮球滚下长椅,他没有急着去抓,而是伏回地板上后在皮球后面爬。

敲门声响起,Mark 转过身去看是谁来了。当他爸爸进门时,他发出喜悦的尖叫声,并伸起胳膊要抱抱。他在爸爸的怀中愉快地扑腾,并发出"da-da-da"的叫声。

Caroline 走向门口并叫 Mark,Mark 停下了和爸爸的亲昵,转过头来看着她。

"你想喝饮料吗?"她问。

"饮料。"他回答。

Caroline 走出房间,返回时带来用喂食杯装的一杯果汁。Mark 用两只手捧着杯子喝下了果汁。

结论

Mark 善于爬行并会自己扶着站立。

有东西掉落时,他会先看看它到哪里去了,而后再爬过去追。

他发出语音,努力地想重复语言。

他对自己的名字作出回应。

他会用喂食杯喂自己。

评价

根据第 7 章中的发展里程碑,1 岁的婴儿会爬行、扶着站立和绕着家具走动。他们会扔下玩具,而后观察它们的动向。当它们滚出视线范围时,他们会看向正确的运动方向。他们牙牙学语,可能会说两三个单词。他们会用杯子喝水,只需一点点帮助。这些,Mark 都做到了。

总体评价

Mark 在预产期之前 8 周出生,有严重的呼吸问题。满 9 个月以前,他都有一定程度的发展滞后,但到一周岁时他已完全赶上其他幼儿的发展水平了。

检查清单法

第 1 章中给出的例子是用检查清单法来记录一群儿童的身体运动能力。下面两个例子显示的是将这一方法用于观察个别儿童。其中第一个例子将一位儿童的行为与一份公认的发展量表所列出的行为条目作比较;若你也要作类似的使用,那你需要准备一份行为常模的清单,这些行为应该是在一段时间内要完成的。第二个例子关注的是注意力领域,考察儿童在较短的一段时间内的专注力。运用检察清单法时,要把你想发现什么,怎样设计清单等问题考虑清楚。在给出的这个例子中,记录者决定记录儿童从事任务/离开任务的时间,因为他认为这个时间对于判断儿童是否感兴趣并因而专注其中是有益的参考指标。

观察

本次观察所用的检查清单,采用的社会性发展常模,是根据一公认的量表而来。

观察日期:1994 年 6 月 10～15 日

成人数量:1

开始时间 ⎫
　　　　 ⎬ 历时数天
结束时间 ⎭

儿童数量:1

儿童姓名：Elizabeth   　　**年龄**：4 岁 7 个月

目的：考察一位 4 岁半的儿童的发展水平是否达到了"常模中的'常态'"。

目标：观察并记录一位 4 岁半儿童的发展成就，参照 Mary Sheridan（1995）制定的常模。

环境：在一所看护学校中，历时数天，在此期间看护学校正常开展活动。

表 3.2　社会性发展的检查清单

儿童发展的"常模"	是	否	评　语
1. 温和亲切，信任别人，亲近别人	✓		Elizabeth 和朋友坐在一起时，拉着她的手并和她轻声说话。
2. 在购物、洗刷等家务活动上乐于帮助成人	✓		当我问她是否愿意陪我去购物时，Elizabeth 愉快地答应了。她对挑选自己喝茶时要用的东西特别感兴趣，并且她帮助我将物品装袋。
3. 努力保持周围环境整洁		✓	Elizabeth 在"娃娃家"区玩，保育员要求她整理玩具，但她双手推向桌子对面，所有物品掉到了地上。她跑到其他区域去了。
4. 生动地进行想象游戏，包括创造性游戏和创造出人物	✓		Elizabeth 在"娃娃家"区花了许多时间，她邀请想象中的人物喝茶。她将这一情节精细化，玩了很长一段时间。
5. 参与主动的想象游戏，包括创造性玩耍和创造出人物	✓		Elizabeth 经常用"娃娃家"区域里的服装化装，她的朋友常常和她一起玩。她们化装成母亲和女儿，医生和护士，或是新郎和新娘在学校里走动。
6. 理解分享玩具	✓		Sunil 走向 Elizabeth，询问后者他是否可以使用商店里的柜台。她同意了，自己让到旁边数塑料水果。Sunil 继续在柜台上玩，而 Elizabeth 也很乐意让他玩，虽然之前一直是她玩的。

结论

在对 Elizabeth 为期数天的观察中,采用了常模,并用条目的格式来陈述 4 岁半儿童的预期发展水平;期间数次观察到她还表现出表格中未曾列出的一些行为。

评价

Elizabeth 的表现很典型,绝大多数都与给出的社会性发展里程碑相符,但是她没有整理环境的意愿,不论是从检查清单上看还是与机构中的其他儿童相比较,这都是非典型性行为。

建议

无论她参与何种活动,都应鼓励 Elizabeth 在玩耍之后将一切打理整洁。用类似的方式对她在其他领域的发展情况进行观察。

观察

检查清单——预编码:时间和对任务的专注性

观察日期:1994 年 5 月 18 日 　　**开始时间**:中午 12:50

成人数量:1 　　**结束时间**:下午 1:05

儿童数量:4

儿童姓名:Karla 　　**年龄**:4 岁 6 个月

目的:观察一小群儿童,特别观察其中一位儿童,记录她在任务上花多长时间,有多专注。

目标:观察一位 4 岁半的儿童对其所做的任务有多专注;这些儿童在没有成人干预的情况下怎样合作性地玩耍。

环境:看护学校中 4 个儿童用棋盘和骰子玩"蜗牛赛跑"的台面游戏。

表 3.3　观察记录

时　间	有任务专心	有任务不专心	无任务安静	无任务分神
12:50	✓			
12:51			✓	
12:52			✓	
12:53	✓			
12:54			✓	
12:55	✓			
12:56			✓	
12:57	✓			
12:58			✓	
12:59	✓			
1:00			✓	
1:01	✓			
1:02	✓			
1:03			✓	
1:04	✓			

结论

　　游戏进行了 15 分钟,参加的儿童有大量的合作。他们表现出较好的社会化和语言的使用(虽然这些无法从上面的观察记录表中看出)。绝大部分游戏时间中,儿童轮流掷骰子和移动蜗牛,以正确的方式进行着游戏。

评价

　　Karla 在玩游戏的时段里,绝大部分时间都全神贯注。她与同伴合作得很好,这一点是 4 岁半儿童的典型表现(见第 7 章)。她能够按秩序等着轮到自己,并以合乎情理的方式参与游戏。与其他儿童相比,她的注意力持久性是比较好的。

> **建议**
>
> Karla 的注意力持久性很好，因此教师可以鼓励她进行更多的前阅读和前书写活动，以便维持和培养其专注水平，进而为下学期的学习做好准备。

上面例子中所用的方法适于记录注意力持久度，也便于记录者将之记录下来。实际上，我们还可以对上述的活动从其他视角来观察，以考察儿童发展的其他方面。正如结论中提到的，活动过程中有许多语言产生，而这些没能在记录表格中体现出来。其中一段是儿童关于走动的正确步数、掷出来的骰子点数的争论。这番争论并没有影响到游戏的进程，但让我们认识到这些儿童所处发展阶段的另一个方面。由此可见，在实施观察之前，仔细考虑清楚观察的目的、所要采用的方法是非常重要的。

使用其他媒体记录的观察

前面图3.2显示了可用来记录观察的各种媒体。我们已经讲解了用图表（直方图和饼图）、示意图（追踪示意图）和书面材料来记录观察。若在这里向你展示怎样用录音机和摄像机作记录，实在不现实，但你有机会时完全可以尝试使用这两种记录方法。它们可以详尽地录制较长一段时间里的内容，并重复播放，让你作评价时极为便利。显而易见，磁带对于记录儿童的语言，记录儿童探索事件发生的能力是很有用的，如用磁带记录儿童关于雨从哪里来的想法。但你在使用录音法之前需要先让儿童习惯于身边有个录音机的存在；另外，录音机会录下周围的一切声音，包括噪音，因此，你最好选择一个比较安静的场所录音。

下面的例子是本章最后一篇观察记录，它用照片和儿童作品的复印件来记录观察结果。如果你也想在文件中使用照片，那你需要获得儿童家长的许可，因为照片会告诉别人你观察的儿童是谁，这样就不能将儿童的身份保密了。以儿童的作品为证据对某些类型的观察非常有用，如以评价儿童的智力/认知技能为目的的观察。

观察

日期:1994 年 7 月 6 日 　　　　开始时间:下午 2:15

　　　　　　　　　　　　　　　结束时间:下午 2:35

儿童姓名:Samantha　　　　　　年龄:6 岁 2 个月

环境:自由活动时间,一个大班教室中的建构区域。

目的:考察一位 6 岁儿童将所见画下来的能力。

目标:观察和记录一位儿童将她用木砖搭建起来的模型用画表征出来的能力。

观察记录

　　Samantha 选取了不同形状的木砖,很小心地搭建起一个建筑模型。她与其他几个儿童同时在玩,但她没有和他们说

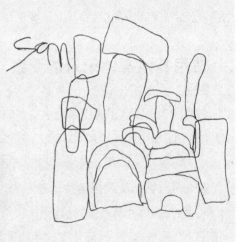

图 3.9　Samantha 和她的画

话,因为她全神贯注。在她搭完之后,我问她是否能为她搭建的城堡画幅图,以便她将自己的成果记录下来,她答应了。她在画图的时候经常看几眼"城堡",看起来她对它满心欢喜。

结论

如照片和图画所示,Samantha 能够记录她的模型,并且记下了部分细节。她注意到了不同形状间的位置关系,以及它们的大小比例。

评价

Samantha 的作品表明她能够"画比较现实和复杂的图画",具备了 6 岁儿童的发展里程碑所显示的能力之一(参见第 7 章)。在教师看来,她的发展领先于班级中同龄甚至年长些的儿童。

现在你已经看过用不同方法记录和评价儿童行为的多种类型的观察,想必你已会参照着加以运用。

你在练习观察技能时少不了要制定目的和目标,本章余下的篇幅里将给出一些目的和目标,供你参考使用。在实施观察之前,你首先要考虑用哪种方法会带给你最好的结果。这个问题没有"正确"答案,需要你尝试出来。如果你尝试一种方法之后发现它有用,那么接着尝试第二种。

要牢记的是,观察需包括以下细节问题,它们会反映出你关于怎样满足儿童的个体需要的知识和对一问题的理解情况。

- 确定观察的日期和环境。
- 制定清晰明了的观察目的和目标。
- 始终做到保密性。
- 对观察的记录清晰而准确。
- 准确的结论应当包括以下方面的有关信息:
  ——儿童的年龄和所处的发展阶段。
  ——儿童发展理论或常模与此次观察有关的相应内容。
- 对观察到的结果的评价应与特定的儿童发展理论或常模相联系。

● 作为观察结果的一部分,对怎样促进儿童发展作一描述,提供一些可操作的、切合实际的建议。

● 解释一下怎样来完成这些建议。

● 适当提供证明,表明你对工作中反歧视、反偏见等的理解。

目的和目标(参考用)

1. 目的:观察一个 7 个月龄的婴儿的身体运动能力。
   目标:观察婴儿从仰卧到俯卧姿势的动作,观察其头部、肩部和颈部的运动。

2. 目的:观察一个 9 个月龄的婴儿的平衡与动作。
   目标:观察 9 个月龄的婴儿在没有帮助的情况下怎样坐起来,以及他/她在没有支撑的条件下怎样独自坐一段时间。

3. 目的:观察一位 2 岁儿童的手眼协调性和精细动作技能。
   目标:考察一位 2 岁儿童随着眼睛进行手部动作的能力,以及是否有偏好地使用其中一只手。

4. 目的:观察一位新生。
   目标:观察该儿童是怎样与其他儿童融合交往的,确定是什么帮助他融入群体的。

5. 目的:观察一位 4 岁儿童的语言发展。
   目标:观察 4 岁儿童语言中的词汇量,表现出来的对话技能以及提问语言。

6. 目的:观察一位 5 岁儿童的社会性发展。
   目标:观察一位 5 岁儿童与成人相处、融入小型和大型儿童群体的能力。

7. 目的:观察儿童在看护学校中热衷于一项活动的原因。
   目标:看看最初是什么吸引了儿童,什么使儿童乐于一直参与,以及该活动是否有个令人满意、满足的结果。

8. 目的:观察一位 4 岁儿童在自由活动时段的表现。
   目标:注意其选择的活动,观察其在一项活动上专注的持久度。

9. 目的:观察"娃娃家"区中一群 4 岁儿童的表现。
   目标:看儿童是否互动并参与精细化的、长时间的想象游戏。

10. 目的:观察一小群 5 岁儿童玩橡皮泥的情况。

    目标:观察并记录这些 5 岁儿童在玩这类触感材料时的操作技
    能和想象力。

11. 目的:观察一位 5 岁儿童在户外活动时段的表现。

    目标:观察并记录他/她是否会跑、跳跃、攀爬、双脚跳起、投掷和
    接住皮球,以及是否活跃和动作灵敏。

12. 目的:观察一位 3 岁儿童绘画的过程。

    目标:观察和记录儿童怎样尝试运用颜料和刷子。

13. 目的:观察两个年龄相近(7 岁左右)的男孩在玩一套建筑材料
    玩具时的互动。

    目标:看两个男孩在活动中是怎样合作的,并记录下他们的
    语言。

14. 目的:观察一个班级的 4 岁儿童的粗大动作技能。

    目标:记录他们的攀爬、平衡能力,以及控制一个皮球的能力。

15. 目的:观察一位 3 个月大的婴儿的社会性技能。

    目标:鉴别年幼的婴儿在能使用语言以前是怎样与人交流的,
    他/她是怎样用面部表情表示出高兴的。

16. 目的:观察一位 1 岁儿童的运动技能。

    目标:鉴定一位 1 岁儿童的活动性如何,以及他/她在白天最常
    用何种方法四处活动。

17. 目的:明确一位 6 个月龄的婴儿是怎样度过一天的。

    目标:记录婴儿一天中清醒、睡觉、哭泣、进餐、玩耍等活动占用
    的时间比例。

18. 目的:观察一群 5 岁儿童参与一项科学实验的情况。

    目标:观察群体活动情况,鉴别他们在观察、分析、归纳和预测一
    系列实验的结果方面的技能水平。

个体性目的/目标

19. 目的:观察一位儿童(Mary 近 4 岁)在用废旧材料制作模型的时
    段中的表现,以鉴定其精细操作技能,以及该儿童在问题
    解决方面的能力。

目标:观察 Mary 使用剪刀和涂胶机的能力;计划她要制作的模型并想出怎样做出它来的能力。

20. 目的:观察带班教师与一位 4 岁儿童的交流。

目标:鉴别该儿童倾听一个简单要求的能力;

鉴别该儿童执行一个简单要求的能力。

21. 目的:观察一位 9 个月龄的婴儿在洗澡时的表现。

目标:鉴别和记录该儿童的身体运动能力,该儿童与成人照料者的互动。

22. 目的:观察两位 5 岁儿童在有人赠送他们礼物时的行为。

目标:鉴别和记录儿童的反应及其所用语言。

23. 目的:观察 1 岁双胞胎一天的照料计划。

目标:记录典型的一天中用于社会性照料和玩耍的时间,精确到分钟。

24. 目的:观察一位 5 岁儿童在自由活动时段的表现。

目标:观察并记录他/她在不同活动上的注意力持久度。

25. 目的:观察一位目标儿童(Ryan)与另一位年龄相近的儿童在玩捉迷藏游戏时的互动。

目标:观察并记录他们的社会性互动和使用的语言。

26. 目的 1:观察一位新生在没有协助的情况下使用卫生间的能力。

目标:观察并记录她表达上厕所的需要,自己上厕所的能力。

目的 2:再次评估其上厕所的能力。

目标:记录该儿童主动要求上厕所的次数。

27. 目的:评估一位儿童的发展。

目标:记录一位儿童学习的标志发展阶段的基线。

28. 目的:观察一位 4 岁儿童的发展进程是否符合常模。

目标:对照 Mary Sheridan (1995)提出的常模,观察并记录一位 4 岁半儿童的成就。

29. 目的:考察一位 6 岁儿童将看到的东西画下来的能力。

目标:观察并记录一位儿童为她用木砖搭建的结构画一幅表征画的能力。

30. 目的:观察一位 5 岁儿童在午餐时间,坐在餐桌边上时使用社会性技能的情况。

目标:鉴别该儿童回应他人的能力,有效使用餐具的能力。

31. 目的:观察一群 3～4 岁儿童在户外活动时段表现出来的粗大动作技能。

目标:鉴别并记录每个儿童在以下方面的能力:

原地双脚跳;

原地单脚跳;

踢球;

接住一个大皮球;

骑三轮自行车。

32. 目的:观察一位 6 岁儿童(Adrian)在摆放健身器械的学校大厅中的表现。

目标:追踪记录他所选用的器械。

记录并鉴别他使用器械时表现出来的粗大动作技能。

33. 目的:考察班级中的朋友群体。

目标:鉴别男孩和女孩是否相互交朋友,比较某些儿童较其他人是否更受欢迎。

34. 目的:观察一群儿童怎样使用一套小规模的火车玩具。

目标:观察和记录他们的想象游戏、合作游戏和使用的语言。

35. 目的:观察一位儿童在教室中一天的表现。

目标:记录所有反社会行为引发的事件,识别在该类事件之前发生了什么,该类事件之后发生了什么。

36. 目的:观察和记录儿童在看护学校的不同区域里做些什么。

目标:变换提供的活动安排,或必要时限制某些活动的参与人数。

37. 目的:观察一群儿童,特别关注其中一位 4 岁半的儿童。

目标:记录她在一项任务上花费多少时间,她对她所从事的活动有多投入,她是怎样专注于她所做的事的,以及儿童们在没有成人干预的情况下是如何合作性地游戏的。

第4章 拓展和运用观察

读完本章,你将能够:

观察和记录到更多细节。

理解你的观察为什么对于你所教养的儿童极为重要。

认识到需要与他人协作以达到你的目的。

理解在儿童中工作的专业人员的角色与责任。

读完前一章后,你应该能在下述方面做得令自己满意,即你已完成了一些符合三条主要衡量标准的观察:

1. 你用充分的时间,以足够的细心观察儿童,看他们能做到些什么,这通常意味着你的观察在多种场合下进行,绝非一种场合,或是采用了多种方法。

2. 你阅读了大量参考资料,理解儿童之所以那般行事的原因。你知道各个正常发展阶段。

3. 你会运用你的知识来设计活动和安排常规活动,从而促进儿童向前发展。教师提供的挑战难度要适中,既不能太容易,要让儿童有成就感,又不能太难,以免超出了儿童的能力范围。

一旦你在观察技术方面练习得得心应手,你会发现你整天都想评估儿童,因为这些评估可以给我们制定计划时提供参考。话虽如此,但我们仍可以作关于单个儿童的假设,因为我们只在某些时候注意他们。而如果我们花时间作细致的观察,那么我们就不会错过一些至关重要的事实。

Joan Tough(1976)曾与教师们谈论她们的班级,有一位教师说道:"我班里没有一个安静的孩子,我真希望能有那么一两个。所有的孩子

没有一刻是安静的,总是在说话。"在那群儿童中,她随机抽取了其中一个(Sheila)进行观察,她在观察之后评论如下:

> Sheila 就她的年龄而言,块头并不大,我觉得我以前有些忽视她。当我对她说话时,她会给出回答,非常简短的回答,但我又不明白她说了什么。我不曾看到她与别人说话,绝大多数时候她都独自一人,玩拼板或单人小钉板游戏。事实上,直到游戏时间结束她都没有离开过桌子。我想她需要有人帮助她去尝试其他的事物,去接近其他儿童,而我必须弄清楚她的语言困难是什么原因造成的。

这一观察是在小班进行的,该教师明白 Sheila 的行为不是她这个年龄的幼儿通常会有的表现。

你如何知道可期待一位儿童能做到些什么?

在儿童中工作,会让你学到许多东西,正如你从研究和发展量表中会学到许多一样。你需要知道该预期些什么,只有这样你才能建议家长或指导儿童进行更专业的评估。以语言为例,一位 30 个月龄的儿童成为你照料的孩子之一,他只会说:"妈妈"、"爸爸"、"球"之类的词,他的父母想知道他这么小的词汇量在他目前这个年龄是否正常。如果你对儿童语言发展的一般规律一无所知,那么你根本无法为儿童的父母解答疑惑。Harold Fishbein (1984,p. 7)曾指出:

> 一旦我们能够描述发展的序列,并在这个序列上找出儿童所处的阶段,那么我们就能够对儿童的发展程度作出判断,诸如他的发展是领先于其他儿童还是落后于其他儿童等,还可以预测儿童下一阶段的发展情况。

语言是非常重要的,因为它常常与能力相联系:

> 在儿童能够用语言来表达他的想法、意图和需要之前,其他人只能从儿童的手势和动作,从他声音的音调和面部表情中来猜测他想让别人知道些什么。(Tough,1976,p. 8)

另一方面,如果你了解了正常的语言发展情况,那么当有的儿童所说的语言不标准,而他们的父母只隐约感到有问题时,你就可以肯定地向父母指出这一问题了。正如 Julia Berryman (2002)提醒我们的:"3~4岁的年幼儿童常常会用合乎语法变化规律,但实际上却不正确的词造出一些句子。比如:'I digged in the garden'(我在花园里挖泥),'We holded the kittens'(我们抓住了那些小猫),'The sheeps runned away'(绵羊们跑了)等*。"

语言能力不仅与儿童使用的词汇量有关,而且与儿童对所说的语言理解多少有关。我们无法得出关于一个儿童的语言能力的确切评价,除非他有机会表明他会些什么。我们在评估时应该考虑到文化的、社会性的、情绪的和生理的等可能影响评估的因素。实际上,Margaret Donaldson 认为,"若教师和学生屈服于交流困难的现状,这种不作为是有违常情的,也是种失败"(参见 Bruner 为 Grieve 和 Hughes1990 年的著作写的前言)。

在有意无意之中,随着儿童的成长,我们愈来愈依赖对语言的理解力,包括口语和书面语,以便能评估儿童的进步。有许多人患有诵读、识字困难,后来证实是由一些外伤所致。Miranda Jones (见 Grieve 和 Hughes,1990)在谈到书写时说:

社会赋予文字和逻辑以极大的重要性,这意味着学习它们是有困难的,儿童很快就会觉得自己能力不够。因此,教师的任务是让儿童在对阅读和书写的已知基础上有所发展。显然,知道儿童已经拥有何种知识基础,会促进这一过程。

这就是使用发展性检查清单(参见第 7 章)作详尽的观察极为重要的原因所在。观察应当成为"成就的记录",并附有针对如何取得进一步的成就的建议。

考虑以下情况:

Wallace 夫人带着她的女儿 Sophie(3 岁 4 个月)到你们看护学校拜

---

* 动词 dig、hold、run 不遵循大多数动词变化的一般规律,它们的过去式分别为 dug、held和 ran。sheep(绵羊)也是个特殊的名词,它的单复数形式都是一样的。——译者注

访。他们一家在国外生活了两年，最近刚刚搬到此地定居。Sophie 以前没有进过托儿所之类的教养机构，因而她母亲对于如何安置她深感焦虑。母女俩在看护学校的一个小时里，Sophie 一直跟在母亲身边，一步都不愿离开；当工作人员尝试接近她时，她会扭过头去。在第二次拜访时，Sophie 仍然是这种表现。看护学校的校长和 Wallace 夫人商量之后决定，让 Sophie 每周选三个上午来看护学校。当问及 Sophie 对上厕所、喝水等生活事件是否有特别的称呼，以便工作人员了解 Sophie 需要什么时，Wallace 女士说"没有"。

Sophie 是由她父亲送来看护学校的，他说他的妻子无法面对与女儿的分离，也不忍面对女儿伤心的样子。工作人员帮助 Sophie 脱下外套并陪伴她。Wallace 先生与校长谈话后，与 Sophie 道别就离开了。Sophie 看着父亲离去，开始无声地哭泣。你把她带到一张桌子旁边，那里有一群儿童在走迷宫。你抱她坐在你腿上，同时你开始走迷宫。你问 Sophie 是否愿意帮你一起完成，但她没有作声。几分钟后，她停止了哭泣，但仍没有任何想走迷宫的意思。于是你带着她看学校里各个区域，想看看她是否会对某些事物表现出感兴趣，但她紧紧地依偎在你身上。在吃点心之前，儿童要去户外活动，因此你给 Sophie 穿上外套，并让她看户外活动时使用的小自行车、小汽车和手推车。她握住一辆手推车的扶手，这时一位儿童骑着自行车从旁边冲过，于是她又缩回手抓住你的手，余下的活动时间里她都站在你身边。吃点心的时候，保育员给 Sophie 牛奶和果汁，Sophie 用手指果汁。吃完点心后，大家坐在垫子上听故事。Sophie 安静地坐在那里，似乎也在认真倾听，但她不对任何问题作出回答。到中午她母亲来接她的时候，她微笑着跑过去。

在经过几天的半托后，一个模式形成了：Sophie 在来校之初会哭泣一会儿，但时间不长；她总坐在离你非常近的地方，她会坐在那里画画或完成一幅拼图；面对提问，她会用点头、摇头或用手指点来作答；她观看其他儿童玩耍，但没有加入其中的意图；看起来她不喜欢大的嘈杂声；如果她需要什么，比如上厕所，她会拉着你向厕所方向走。

最初，你将 Sophie 的这类行为归因于她害羞，认为她只是一个不习惯于同其他儿童共处、与母亲分离的普通小孩。但随着时间的推移，你开始思考是否有什么不对劲的地方。

你该怎么办？

首先，在员工会议上提出你所关心的问题。其他人碰到过类似的行为模式吗？你的领导可能会建议你先作观察，而后她会与 Sophie 的母亲谈谈 Sophie 的问题。

你主要关心什么？

你可能决定去弄清楚 Sophie 在看护学校期间是否有和工作人员、其他儿童谈话的意愿。你也可能想看她是否尝试加入有其他儿童参与的某项活动。

你打算怎样将你想考察的问题弄明白呢？

要知道，你想给 Sophie 最佳的机会，以便对她的能力作最准确的评估。

Activity

活动

看第 3 章"抽样法"部分，如果你认同时间抽样法是一种可行的解决方法，那么写出你的目的和目标。继而决定你观察时的时间间隔与时间跨度。

如果你的一次观察或多次观察证实 Sophie 不愿意和其他儿童一起玩，不和学校里的任何人主动说话，那么你就要考虑这是否是这个年龄段儿童的正常表现。

你打算怎样评估她的行为？

你可以将她的行为与学校里这一年龄段的其他儿童的行为作一下比较。你也需要阅读 3 岁半儿童社会性技能和语言能力方面的资料。事实上你注意到她的行为表明她的言行举止不同于同年龄的其他儿童。发展性量表指出，3 岁儿童"词汇量扩大，即使对陌生人说话也常常是清晰明了的"，并且"开始加入其他儿童的游戏，开始分享，但仍只限于小群体"(参见第7章中的发展里程碑)。

你需要明白语言和社会性技能是怎样发展的,这样你才能为进一步的调查、制定行动计划提出建议。

要记住,计划+实施活动+观察+评价=行动

Joan Tough 在《倾听儿童谈话》(*Listening to Children Talking*, 1976)一书中专门用一章阐述"不说话的儿童"这个主题。虽然她的研究是在20多年前开展的,但她的许多发现到如今仍值得借鉴。她认为语言缺失主要有三个原因:生理异常,缺少刺激和情绪问题。这一观点广为认可。Joan Tough 以广泛性观察为评估工具,同时十分强调与儿童的家人谈话的重要性,这能让我们对问题有更全面的了解。就我们这里举的例子而言,安排一次与 Wallace 夫妇的面谈十分必要,以了解 Sophie 在家中时是否主动开口说话,看看她有过哪些机会可以和其他儿童一起玩耍。这一会面可能要由你们校长来主持,还会要求你参加,因为你是与 Sophie 有最多接触的学校工作人员。

在面谈中,Wallace 先生承认他从没有花很多时间陪伴 Sophie,因为他的工作时间长,当他回到家中时 Sophie 通常已经入睡了。Wallace 夫人是个非常安静的人,在国外生活期间,她一直没有足够的自信,特别是在外出时,因为她的外语讲得不够好,她和 Sophie 花很多时间用于绘画、做饭和做游戏,她意识到她们很少唱歌或谈论将来,因为觉得自己一个大人和一个小孩子这样做显得很古怪。Sophie 没有进过当地的幼儿园,因为那里没有其他说英语的儿童。父母对 Sophie 的行为表现是完全有理由感到开心的:Sophie 在1周岁时开始走路,18个月龄时顺利接受如厕训练,而且她看起来能理解别人对她的要求。他们承认 Sophie 极少情况下才会说个别单词,他们根据当时情景才能理解她的手势。

你期望校长接下来做些什么?

从了解的情况看,Sophie 的家人非常爱她,但是却很少对她说话;她不曾有机会与其他儿童生活在一起;她的生理和认知发展处于正常范围内,她的画表明她的认知能力甚至领先于同龄人。

你可能会考虑到一种可能性——Sophie 可能有某种程度的听力丧失。他们一家人在国外生活期间,她可能未能接受保健探访员的定期检查。

Wallace 夫人说公司配备了医生负责员工及其家人的健康,Sophie 接受过疫苗注射,但此前没有做过任何筛选试验。Sophie 一家刚刚注册了 GP*,因而你建议他们预约保健探访员。如果初步诊断出 Sophie 患有听力丧失而没有感染等特殊原因,那么保健探访员会转介她去接受听力专家更为准确的检查。转诊到语言治疗师也是个好主意,因为这类预约通常要花很长时间,所以也可立即着手进行了。(见下文中对专业医务人员的介绍。)

听力丧失确实是导致儿童不能说话的常见原因,但若是你在阅读时涉猎足够广,那么你会意识到"学前言语损伤或是言语滞后获得,常常是读写困难的重要而准确的预测指标"。(Ott,1997)

在确诊以前还有其他一些指标要检查,语言治疗师和教育心理学工作者会进行仔细的成长史调查。这些最终的决策性工作无需你或你们校长来承担,但是你现在应该明白这些调查工作的开展由你的观察引发,由此可见做好观察的重要性了。衷心希望调查出的结果是没有长期问题存在,存在问题的时间越长,往往问题越严重。与此同时,你应该设计一些促进听音和言语的活动,并确保你做到:

- 在说话时看着 Sophie;
- 用手势强化你的语言指导;
- 在玩耍中为 Sophie 指出相关事物的名称;
- 鼓励小群体中的互动,但不致使其分心;
- 表扬和鼓励任何与其他儿童的互动或发出声音的行为、意图。

其后,你需要继续观察和记录她的成就。整个情况成为一个循环。

这一循环对所有儿童都很重要,对那些有特殊需要的儿童尤其如此。观察是知道既有的行动计划是否成功,是否需要改变的唯一办法。

下面给出的两个观察讲的是表面看来具有相同的问题——无法以

---

*即 General Practitioner 的缩写,也就是医生,英国每个人都有注册的私人家庭医生,属社区基础医疗系统,24 小时提供最基本的保健服务。英国人一旦有健康上的问题,首先要联系自己的 GP,视病情需要,拿着 GP 的转诊单转诊。——译者注

合乎年龄特点的社会性、情绪性来行事——实际上却有着不同的问题、需要不同的行动计划的两位儿童:Colin 和 Ryan。

Colin(3 岁 10 个月)以往上幼儿园一直都是开开心心的,但最近他的母亲离开时他会哭闹、愤怒。当邀请他参加诸如到户外玩大型运动器械或是与小朋友合唱之类的活动时,他拒绝参加,并躺在地上不肯动。他的口语非常流利,绘画内容细致,还认识几个单词。教师决定在 4 个上午对 Colin 进行观察,采用时间抽样法,每个上午一小时,看看是否能了解到底是什么事情引发了他的这种行为。

观察

第一天

9:00 Colin 由他母亲送来幼儿园。他使劲把母亲压在门上,嘴里叫着"不要,不要"。母亲试图和他讲道理,让他把外套脱掉,他反而紧紧地抓住外套不放并尖叫。母亲的情绪开始激动起来,一位教师见状过来抓住 Colin,建议他的母亲和他道别并离开。Colin 想跑出去追母亲,被教师制止了,因此他踢了教师几脚。

9:10 儿童们都坐在垫子上等待点名。Colin 坐在教师旁边,在看一本书。他指着单词问:"这是说什么?"当教师要求他安静听,等着点到他的名字,他扔掉手里的书,书打到了一位小朋友。教师要求他道歉,但他转移开视线,拒绝道歉。

9:20 教师让儿童选择他们今天上午打算做什么。此时的Colin 正坐在书写区,且沉迷于这项活动。当被问及他在做什么时,他先是显得有些愤愤不平,而后回答说:"我正在给我奶奶写一封信。"

9:30 Colin 仍然在书写区。他正在读一封给他自己的回信。他显得对他的作品很满意。他向教师要信封,好将它装起来。

9:40　Colin 已经到了图书角。他将几个毛绒玩具摆成一排，在念故事给它们听。他在念到《金凤花和三只小熊》中不同角色所说的话时，他的声音有时高昂，有时低沉。

9:50　Colin 还在图书角。教师要求儿童开始清理玩具，但 Colin 没有任何放下手中书本的意思。一位儿童走过去，开始将毛绒玩具放回玩具架上。Colin 抬起头来看到了发生的事，他大叫："不，不许这样，它们在听故事。"那位儿童说现在该收玩具了，但 Colin 伸手抓住她手中的泰迪熊，想把它抢回去，看到她还抓着玩具，他弯下腰来咬人了。（观察中断，观察者介入。）

第二天

9:00　Colin 由他奶奶送来幼儿园。他在奶奶离开时闷闷不乐，但没有尖叫。他脱下外套，弓着身子坐在图书角。当其他儿童靠近图书角时，他伸出脚要绊住他们。那几个儿童走开，坐到垫子上。

9:10　在点名时，Colin 还坐在图书角。一位教师坐到他身边，努力地鼓励他走到离群体近些的地方。他忽略她，视而不见，听而不闻。当问他今天早上打算做什么时，他选择了书写区域。

9:20　Colin 坐在书写区，眼睛看向天空。问他做什么，他说他正在构思一个故事。他把几张纸折叠起来，模拟一本书的样子。

9:30　Colin 全神贯注地写他的故事。有两位儿童走进了书写区，但他忽视他们。一位儿童在桌子对面倾身过来，要把一支彩色水笔放回笔筒里。他不小心在 Colin 的书页上留下了污点，这让 Colin 大为恼火。他踩着脚大叫"你毁了它"，进而将书撕碎。那位儿童看来被吓着了，开始哭起来。教师告诉 Colin 这是个意外，建议他尝试其他的事。Colin 踩着脚跑出书写区，来到娃娃家区域。他把小床上的用品扔到地上，而后坐到桌子下面。

9:40 Colin 仍然坐在桌子底下,他拒绝将那些床上用品捡起来。

9:50 Colin 仍然坐在桌子下面。大人们想把他哄出来,但都没有成功。到整理时间,Colin 周围的其他儿童都整理干净了。(决定在继续观察的同时,忽视他。)

10:00 Colin 从桌子下面出来了。他拿了一副拼板出来放在桌子上。此时,其他儿童都拿着他们之前制作的东西,画的画等坐在地板上,准备和班级里的伙伴们交流他们做了些什么事。教师要求 Colin 过来坐下,他对此予以忽视,于是另一位教师拉着他的手走过去一起坐下来。当问他早上做了什么时,他说他写了一个故事,但"被毁掉了"。

第三天

你开始意识到 Colin 的行为看来是与他专注于某项活动时被打断有关系,同时 Colin 绝大部分时间都是独自一人呆着。

为了弄清事情是否就是你所想的那样,你决定整个上午都注意观察他。

为了便于记录,你在"监控"Colin 时每隔 15 分钟记录一次,记录在写好抬头的表格里。

时　间	活　　　动	互　　动
9:15	Colin 来得较晚,送他来的母亲解释说他之前发了通脾气。	拒绝和任何人说话。
9:30	涂色,很仔细地不让颜色涂到线条外面。	和教师聊游动物园的一次经历。
9:45	"写"动物园之行。	无。
10:00	和其他儿童一样坐在垫子上,给教师讲他的故事。	对他所写的东西作非常详尽完整的解说。
10:15	坐在桌子边喝果汁、吃饼干。	无。
10:30	儿童们到户外玩耍。Colin 在墙边。他皱着眉,一脸不高兴,时而踢墙壁几脚。	轻声地嘀咕。

时　间	活　动	互　动
10:45	脱下外套并挂起来。急忙跑到桌边坐在和他一组的小伙伴的身边。看着他的工作表上《三只山羊》的图片。当教师问谁知道哪只年龄最小时,他举起手,在老师让他回答后说:"这只最小,这只中等大,这只最大,他没有被山怪吓倒。"	对教师微笑。
11:00	Colin在画他心中那个版本的故事。	和教师交谈。
11:15	儿童们在唱歌。Colin在发了一顿脾气之后,经安抚,已平静下来了。	大叫"我要走"。
11:30	坐着听故事录音。	无。
11:45	在其他儿童收拾要带回家的作品时,Colin在教室里走来走去。	无。
12:00	Colin的母亲来接他回去。	母亲问他做了些什么时,两人聊起了他的故事。

　　Colin的母亲知道你在观察他,她急切地想和你讨论他的问题。在交谈中,你了解到他在家中没有类似的发脾气的情况,他有两个姐姐,他们的关系良好。双方商定在第二天进行面谈。

第四天

　　Colin来园时情绪非常激动,他大叫着:"我告诉过你了,我不想来,我不要玩,我要工作。"

　　Colin和他母亲被请进办公室。校长等Colin平静下来,问他是否能解释一下他为什么不喜欢来幼儿园。他回答说他不喜欢玩耍,他想工作。问:"什么工作?"他回答:"看书,写东西,玩电脑。"校长问他现在是否乐意做这些工作,他表示愿意。这样,讨论在没有Colin在场的情况下继续进行。

　　校方向Edwards夫人了解Colin平时在家做些什么事情。经了解,Colin多从事一些语言活动,他有许多"有教育意义"的玩具;他的父亲帮助他在电脑上玩单词、数字配对的游戏,他的姐姐也鼓励他这方面的兴趣。

评价

在幼儿园经行为观察得到的信息之外,加上了解到的上述信息,事情就变得很清楚了:Colin 在他不能完成一项任务时就会不开心;他不擅于和他的同伴们相处。他的认知发展超前,但若是他的社会性和情绪问题不解决好,他在学校里将遇到困难。

有了这些认识,就可以和 Colin 的母亲共同制定计划了。或许他可以有一个一起喝茶的朋友,或是和家人一起外出。在幼儿园里,教师可以在活动转换时提前 5 分钟提醒他,以便他有计划地结束手头上的任务。在玩电脑方面,可以让他帮助其他小朋友。

天生羞怯或偏爱独处的儿童不会在一时之间有戏剧性的巨大转变,但他们能够学会怎样与别人合作,学着去体验分享活动带来的快乐。

第二个观察的对象是 Ryan,他刚满 4 岁,语言能力很差,从不说句子,旁人难以理解他的意思。他有时很有破坏性,自身也常常麻烦不断。大家决定整个上午由专人形影不离地看顾他,这势必占用一位工作人员的全部时间,但大家希望借此能更好地了解 Ryan 与群体中其他儿童有诸多问题的原因。

观察

9:00 Ryan 跑进教室,一直跑到放外套的区域。他把外套拉扯下来并扔向挂衣钉,但没有扔中,衣服掉到了地上。教师让他把衣服捡起来,但他跑开了。他走到主要的活动教室,从架子上选了一个塑料的长颈鹿玩,让它沿着桌边走。

9:10 教师与其他儿童坐在图书角："过来坐下来,老师要点名了,Ryan。"Ryan继续玩长颈鹿,于是教师站起来,走过去拉他的手。Ryan挣扎着,挣脱教师的手后,躲到桌子底下,开始"吃"长颈鹿。该名教师忽视了他一会儿。很快,另一位教师过来拿走了长颈鹿,并抱他坐在她的腿上。他就这样坐着吮他的拇指。班级里的儿童在考虑今天上午在哪块区域活动。"你打算选哪儿呢,Ryan?"Ryan没有拿出手指头,咕哝了什么。"把你的拇指拿出来。我听不清你在说什么。"教师拿出他的拇指,Ryan说"积木"。

9:20 Ryan用木质的积木搭建了一个斜坡和通道,另有一位儿童协助他的行动。这当中没有对话,但他们显得对该怎么做早就默契于心。一位儿童走过来从斜坡上拿起一块积木。Ryan抬头一看,跑过来叫着"不,不"。他推了那位儿童一把,在仓惶中后者手中的积木掉落下来。教师告诉Ryan不可以推人,因为这样做不好。Ryan继续把积木叠起来,并坐在上面。任何靠近的人都被他愤怒地赶走。其中一位儿童告诉教师Ryan不让她玩,于是教师走过来要求Ryan与其他儿童共享,但他摇头拒绝了。教师试图对他晓之以理,但不起作用,教师便硬把他从积木上移开。Ryan开始在教室里一圈圈地跑,撞到了几个小朋友。

9:35 儿童正穿上外套,准备外出。在教师的说服下,Ryan扣好他的夹克,跑到教室外要了一辆自行车。他骑得很好,并能拐过所有的弯角。有一位儿童在钻"山洞",一位教师在摇动"山洞"。Ryan下了自行车,加入"钻山洞"活动。他们在摇动的"山洞"里前进时一起咯咯笑了起来。

9:45　Ryan离开了"山洞",走向一辆小汽车;另一位儿童也向那辆小汽车走去。在Ryan开始爬进去时,另一位儿童从后面拉住了他的外套。Ryan转身过来打了对方一下,后者哭起来。教师让Ryan走到旁边坐下来,直到教师允许他玩为止。他弓着背坐在那儿并开始咬外套的袖子。

9:55　儿童们进屋子里洗手,准备吃点心,Ryan开心地玩着水。他走到吃点心的地方,那里的桌子上已经摆好了大杯子。他选了一个座位坐下来,但当教师在他身边坐下来时,他别过脸并坐到旁边的座位上。儿童们用牛奶壶给自己倒牛奶,并互相传递。Ryan很稳地倒了一杯牛奶,并很快地喝掉了。他拿了一块饼干,经提醒,他说了"谢谢你",但他没有直视对方。

10:10　儿童们在谈论他们上午做的事情。Ryan记得他玩了积木,骑了自行车,但他只使用很简单的词汇。

10:15　Ryan与和他一组的小伙伴坐在桌边,教师带来一碗水和一些东西,并解释说这些东西用来让大家看看哪些会沉哪些会浮。儿童们轮流放一样东西到水里,他们都会先去猜一猜是沉是浮,包括Ryan。在这一活动告一段落后,儿童们可以选择接下来做什么,Ryan选择继续玩水。

10:45　Ryan弄得乱糟糟的,因此教师在地板上铺了一块布,碗放在布上。他继续往水里扔东西。教师决定对Ryan预测物体沉浮情况的能力作点记录。他一开始不理睬她,后来开始回答并作出一些正确的预测。他玩好水以后走到玩具橱那里,拿了火车系列,把它们摊到地上,开始拼装一段轨道。一位儿童走过来另外拼装了一段轨道。他们互不干涉地独自进行着。偶尔Ryan把一个火车零件放到嘴里吮吸。

11:00　教师提醒儿童,还有 5 分钟就要收拾玩具了。车轨伸到了教室中大家走动的通道地带,教师和儿童都要跨过去。教师不小心踢下来一块,Ryan 恼火了,他开始往四周乱扔火车零部件。当教师要求他停下来开始整理玩具时,他跑到桌子下面。

11:15　教师坐在桌子旁边,正想把 Ryan 哄出来。问他想不想过来听故事,他摇摇头。最后终于说服他出来坐在垫子上,但他离其他儿童远远的。把他带到旁边,问他今天为什么这么暴躁,他只是含着拇指,面无表情,一片茫然的样子。

11:30　Ryan 的爸爸来接他,问他:"你今天表现好吗?"

评价

　　Ryan 的动作技能良好,能参加想象游戏。因为他的语言问题,他的认知发展水平难以评估,但他对沉和浮确实有一定的理解。

　　Ryan 通常独自玩耍,鲜与其他儿童互动,极少与人有视线接触。他仍然要往嘴巴里塞东西。

　　据说 Ryan 有时会"脑筋短路",发作时扔东西,推人或打人。而观察表明,他并不总是肇事者。

　　Ryan 自 6 个月龄开始进入托儿所,在一个有少数成人的大群体中生活感觉很困难。现在他正在看语言治疗师,并预约了教育心理学工作者对他作评估。社会福利工作人员了解他们的家庭情况,最近刚帮助他们迁入新居,他们住在多层的公寓楼中。

　　Ryan 有许多的问题,可能最终会需要"学习支持",但与此同时,你可以做些什么来帮助他呢?

　　1. Ryan 的问题,部分可能因为他在公寓中鲜有机会宣泄他的生理能量。他相当躁动,因此,教师应尽量先安排他参加一些体育活动,而后才是一些安静的活动,否则期望他坐下来安静听恐怕难以实现。

2. 找校长商讨,是否可与他的语言治疗师面谈一次,以便能够设计一些活动来促进 Ryan 的语言发展,帮他说得更清楚明白,因为 Ryan 的问题有一部分在于他有时说的话,别人无法理解。

3. 鼓励他与人作视线接触。这一点在操作中要非常小心,以免显得像是种威逼,可以从看镜子中自己的眼睛开始。

4. 当他把东西往嘴巴里放的时候,要尽量转移他的注意力,比如,找一些有趣的事情做。

5. 鼓励他克制住推人、打人、扔东西的行为,具体措施如:设计一个贴星星的表格,当他做出有益于问题解决的行为时奖一颗星;他并不总是引发问题的人,因而这种办法会奏效。若是你认为他总是问题的制造者,那么儿童们也很快会认识到他"总是惹麻烦",他就该为所有的事情受到老师的责备。

6. 如同对待所有儿童该有的态度,对他你也应该"发现他的闪光点",用表扬强化他的行为。

你还需要继续监控 Colin 和 Ryan,看他们是否有进步。你也需要与从事学前教育的同事、儿童的父母及其他专业工作者协同合作,以便你们的帮助工作有较好的连续性。

你可能会接触到的专业工作者

保健服务

家庭医生(GP)

在英国,每个人都有权利在社区医疗所注册登记,并由工作人员指定一名家庭医生。家庭医生是社区医务工作者,有的社区只有一位家庭医生,但多数情况下,社区中会有一个家庭医生的团队,每位家庭医生负责为一千多人提供基本医疗服务。他们与其他的专业工作者在社区的保健中心(或者说卫生院)工作。许多保健中心设有成人门诊和儿童门诊,与保健探访员协同合作。在必要时,家庭医生会开转诊单,让患者接受专科医生的医疗服务。

保健探访员

保健探访员是接受大医院妇产科、儿童发展和预防保健等专业训练的、取得英国护士和助产士委员会的注册资格的护士。他们专门在社区工作,工作内容常常是辅助家庭医生的工作。他们最主要的职责是护理0~5岁儿童的健康,但对有特殊需要的家庭,他们会一直给予支持。通常他们会筛查儿童是否有听力、视力上的缺陷,负责儿童发育常规检查。

理疗专家

绝大部分理疗专家在医院任职,少数在特殊学校和发展评估中心工作。他们评估儿童的动作技能和动作发展水平,为家长或其他照料者提供一些可用来促进儿童的运动性和协调性的活动和练习。

作业(康复)治疗师

作业治疗师就业于医院、住宿制学校和发展评估中心。必要时他们会进行家访或探访学校,推荐一些专业治疗设备,用以促进个体独立的生活技能。他们可评估儿童的操作能力,并建议一些最适合儿童的活动。

语言治疗师

学校、医院和社区都可能聘请语言治疗师。他们评估儿童的语言表达、舌和嘴的肌肉运动、对语言的理解。他们既能提供培养儿童表达和接受两方面的交流技能的活动和练习,也能提供促进语言发展的活动和练习。

临床心理学工作者

临床心理学工作者通常在医院就职,但也有在保健中心工作的。他们评估儿童的社会性和情感发展,人们通常在碰到"有行为问题"的儿童时会去向他们求助。在家政中心,他们通常会与社会服务人员共同策划活动项目。

社会服务

社会工作者

如今大部分社会工作者就业于某些专业团队,诸如关注残障人士、老年人和青少年儿童保护的组织等。他们为这些人的家庭成员提供支持,评估后者的需要。他们负责家政中心的运作,日托机构和受雇照料儿童者的登记。当儿童身处"危险"之中,甚或需要运用法律手段来加以保护时,他们往往是冲在前面的"首发"人员。

家政中心工作者

家政中心工作者是接受过专门培训的保育人员,他们与其他社会服务人员在家政中心共事(以前的日托机构)。家政中心为碰到问题的照料者和儿童提供帮助,这些问题可能是残障或缺乏教养技能引起的。

教育

教育心理学工作者

要对有特殊需要的儿童进行教育评估时,需要教育心理学工作者来发挥作用。他们使用一系列成套的测验来鉴别儿童的需要,从而作出儿童是否有特殊教育需要的有关论断。

他们的角色是为拥有大量条件去影响儿童的学习能力的、直接面对儿童的专业人员提出建议。

特殊教育需要协调者(SENCO)

特殊教育需要协调者为面对确实有特殊教育需要的儿童的教师和支持性工作人员提供建议。他们与特殊学校的工作人员、儿童的家长保持联系;具体负责协调为儿童提供的各种措施,包括个人教育计划(IEP),确保学校的特殊教育需要(SEN)者的登记在册,与外界机构协同合作。

特殊需要教师

特殊需要教师是经过特别训练,具有教育有学习困难儿童的经验,并取得从业资格的教师。他们通常在特殊学校或普通学校的特别部门内工作,也可能作为巡回讲学教师给普通学校中的儿童讲课。他们可能在特定的障碍领域学有专精,如视觉损伤或听力损伤。

特殊需要支持助理

特殊需要支持助理就业于特殊和普通学校。他们通常面对的是个别被认为有特殊需要的儿童,但也会面对成绩差的群体。他们常常在教师的指导下在教室里忙碌,但也经常性地与 SENCOs 共同讨论计划的制定问题。他们可以是取得资格认证的保育人员,也可能是接受学习支持类培训证书的在职人员。

第 5 章　将观察和评价与基础阶段的早期学习目标联系起来

学完本章,你将:

对学习的六大领域和早期学习目标有较为清晰的了解。

了解儿童基础阶段发展的剖面图。

更深入地理解父母与教师(教养人员)间的伙伴关系。

2002 年 9 月,《适应于儿童基础阶段发展的早期学习目标》(以下简称《早期学习目标》)出版,替代了原有的《养护教育:义务教育入学准备》。

一般将儿童 3 岁到入学之间的一段时间称之为基础阶段(foundation stage)。这是一个特殊的阶段,本身就很重要,还能为孩子今后上学做好准备。早期学习目标反映了人们对大多数儿童在基础阶段结束时的期望。

儿童满 3 岁时,基础阶段就开始了。许多儿童在 3 岁生日过后,就会进入某种形式的学前机构。有些儿童在基础阶段参加多种机构,或者全时段参加或者部分时段参加,少数儿童会呆在家里直到上小学。

基础阶段的最后一年通常被称为入学年,因为大多数儿童会在这一年中的某个时间点进入小学。

(《早期学习目标》,DfEE/QCA)

学习领域和早期学习目标

基础阶段有六大学习领域:

- 个人、社会和情感发展；

- 沟通、语言和读写能力发展；

- 数学能力发展；

- 关于世界的知识和理解；

- 身体发展；

- 创造性发展。

早期学习的目标反映了对儿童在基础阶段末期要达成的预期。将这些目标组织成六大学习课程领域，作为整个基础阶段教养计划的框架，为将来的学习奠定坚实的基础。到基础阶段结束，有些儿童会超越这些目标，其他儿童则继续向这些目标中的全部或一部分进军。

以下是每一个学习领域的早期学习目标，摘自《早期学习目标》（DfEE/QCA）。

适应个人、社会和情感发展的早期学习目标

到基础阶段结束，大多数儿童将会：

- 继续对学习表现出兴趣、激动和动机；

- 自信地尝试新的活动、引发新的观念和在熟悉的团体中讲话；

- 在合适的时候保持注意、专心和安静地坐着；

- 进一步发展对自身的需要、看法和感受的觉知，并对其他人的需要、看法和感受敏感；

- 进一步发展对自身所在文化、信仰和其他人的尊重；

- 对重要经验作出反应，在适当的时候显现出广泛的情绪情感；

- 与成人和同伴建立良好的关系；

- 能够作为一分子参与团体或班级活动，学会轮流与公平地分享，理解自己的需要与各种团体的人们的价值观和行为准则保持一致，包括成人和儿童，从而和谐地与大家相处；

- 理解什么是对的，什么是错的，及为什么；

- 能够独立地穿衣和脱衣，能够掌控个人卫生；

- 能够独立地选择和使用活动与资源；

- 考虑自身行为和言语对自己和他人的后果；

- 理解人们有不同的需要、看法、文化和信仰,需要尊重地对待;
- 理解他们可以期望别人尊重地对待他们的需要、看法、文化和信仰。

适应儿童沟通、语言和读写能力发展的早期学习目标

到基础阶段结束,大多数儿童可以:

- 喜欢听和使用口头与书面语言,能够在游戏和学习中指向语言;
- 接触和体验语音、文字和课文;
- 心怀乐趣地听故事、歌曲和其他音乐、节律以及诗歌,做出反应,并能编创自己的故事、歌曲、节律以及诗歌;
- 使用语言来想象角色与经验,并能重新创造;
- 使用谈话来组织、排序和厘清思想、观念、感受与事件;
- 保持注意地倾听,对所听到的相关评论、问题或行为做出反应;
- 与其他人互动,协商计划与活动,在谈话中交换意见;

图 5.1　角色扮演:"您好,您哪位?"

- 扩展词汇量,探索新词汇的语义与语音;
- 以正确的顺序重述事件,按故事的语言模式绘画;
- 自信且清楚可辨地讲话,理解听众的感受,会使用问候(请、谢谢)之类的礼貌用语;
- 听到和说出单词中的第一个和最后一个音,以及单词中的短元音;
- 将声音与字母相联系,能对字母表中的字母进行称名和发音;
- 能独立地读出一些熟悉、常用的字词及简单的句子;
- 知道书面材料有意义;在英语中,懂得从左到右、自上而下地阅读;
- 显示出对故事元素的理解,例如主要角色、时间的顺序与开端,知道如何在非虚构的文本中找到信息以回答诸如哪里、谁、为什么和如何之类的问题;
- 采用罗列、故事与指导等形式,试着为各种目的书写;
- 写下自己的姓名和其他事物,例如标签和标题,开始形成简单的句子,有时还会用到标点;
- 运用他们的语音知识写下简单、有规则的单词,对于复杂的单词,也能作合乎语音的(拼写)尝试;
- 握住和使用铅笔来书写可辨认的字母,并且大多数书写正确。

适应数学能力发展的早期学习目标

在基础阶段结束时,大多数儿童将能够:
- 在熟悉的情境中按顺序说出和使用数字;
- 对日常物品正确地数到 10;
- 认识数字 1~9;
- 在比较两个数字或物体量时,使用诸如"多"或"少","大"或"小","重"或"轻";
- 在实际活动或讨论中,开始使用涉及加或减的词汇;
- 找到比从 1 到 10 中的某个数字大 1 或小 1 的数字;
- 开始将"加"与"两堆物品结合"联系在一起,而将"减"理解为"拿走";
- 谈论、认识和创设简单的图形;

- 使用诸如"圆的"或"大的"之类的语言来描述固体或平面图形的形状与大小；
- 使用日常词汇来描述位置；
- 使用不断发展的数学观念和方法来解决实际问题。

适于儿童学习的知识和理解的早期学习目标

到基础阶段结束时,大多数儿童应能够:

- 使用各种感官探索物体和材料；
- 找出和指认他们观察到的生物、物体和事件的特征；
- 看到(物体的)相似、差异、形式与变化；
- 问一些关于事物为何会发生及如何运作的问题；
- 建构一个较大范围的物体范畴,必要时能够选择和运用适当的资源；
- 选择需要的工具和技术来对物体进行变形、组装和结合；
- 找出并指认日常生活中用到的技术,使用通讯技术和编程玩具辅助学习；
- 找出他们自身生活,以及他们的家人和熟人生活中的过去和现在的事件；
- 观察、发现和指认他们所居住的地方及自然界的特征；
- 开始了解他们自身的文化和信仰;以及他人的文化与信仰；
- 找出并谈论他们所处的环境中他们喜欢和不喜欢的特征。

适应儿童身体发展的早期学习目标

在基础阶段结束时,大多数儿童应该能够:

- 有信心、有想象力并安全地移动；
- 有控制、协调地移动；
- 显示出对空间、自身和他人的知晓；
- 认识到保持健康及与健康有关的因素的重要性；
- 认识到他们活动时身体所发生的变化；

- 使用多种小的和大的设备；
- 绕行、爬行、越过、平衡和攀爬设施；
- 安全地操纵工具、物体和韧性材料，且控制能力不断增加。

适应儿童创造力发展的早期学习目标

到基础阶段结束时，大多数儿童应该能够：

- 探究颜色、质地、形状、形态及二维或三维空间；
- 认识和探究声音如何改变，凭记忆唱简单的歌曲，认识重复的声音和声音模式，能将动作与音乐匹配；
- 以多种方式对他们看到、听到、嗅到、摸到和感觉到的东西做出反应；
- 在艺术与设计、音乐、舞蹈、想象性游戏、角色扮演游戏和故事中发挥想象；
- 利用材料、合适的工具、想象性游戏、角色扮演游戏、移动身体、设

图 5.2　一起学习：享受相互的陪伴

计和制作,以及各种歌曲和乐器来表达和沟通他们的观念、思想与感受。

基础阶段剖面图

基础阶段剖面图是英国的一种新的对儿童基础阶段最后一年的法定评估。2002 年 9 月,这一剖面图取代了基准线评估,第一份儿童剖面图也于 2003 年夏末完成了。自 1998 年以来,在英格兰和威尔士的学校系统中,就采用基准线评估,并作为儿童评估的标准,资格和课程委员会(QCA)在慎重考虑之后选择了"剖面图"(profile)一词,因为这个词反映了一种新的评估取向。基础阶段剖面图反映儿童取得的成就,他们所知道的和所能做到的。它基于早期学习目标,立足于《基础阶段课程指南》。没有测验与考试,没有任务,剖面图由早期教育的实践者编制。剖面图也融入了其他与评估过程有关的人员的贡献:幼儿园(托儿所)的老师、保育员、儿童的父母或养护者的观察,和其他在以前环境中的记录。基础阶段剖面图是关于对学习的评估——主要是观察。

在整个儿童基础阶段,早期教育实践者需要对儿童每一步的相关发展及构成《基础阶段课程指南》的一部分的早期学习目标进行评估。评估应该基于实践者长期累积的观察以及他们关于整个儿童的指示。在基础阶段的最后一年,基础阶段剖面图将提供对儿童的总结性的认识。

基础阶段剖面图将由一位专业人员采用一整套包含 13 个分量表的测验包完成,每个分量表有 9 道题。早期学习目标或者单独呈现,或者作适当的分拆与联合。老师或专业人员会记录儿童在每一个量表中的每一题的表现。专业人员还会对每一个量表分数作出判断,以反映儿童的典型成就。在很多时候,专业人员可以凭借自身知识作出相关判断,并预测儿童今后在学习方面的发展情形。有的时候则需要进一步的信息、作进一步的观察来支持专业人员的判断。

常规的观察和评估有利于儿童的学习与发展。专业人员则可以利用专业的观察,仔细分析和评估观察到的结果,记录与儿童的进步与发展相关的重要信息。对个体儿童的发展所作的这些观察可以用来帮助开发适合每一位儿童的课程。对儿童的观察应该常规化。计划和统整好的观察情景应该成为日常课程的一部分。

良好的观察环境可便于：

- 评估儿童在六个学习领域所取得的成就，并在基础阶段剖面图中的测验量表上作记录。
- 评估和记录儿童所达到的发展阶段。
- 基于儿童的需要和每一位儿童的发展情况，计划适当的课程。这类接下来的阶段必须基于对儿童的经验与理解的了解。
- 筛选出特殊的教育需要，必要时开发个别教育计划。

与父母的伙伴关系：分享信息的方法

在评估儿童的发展时，父母是极其重要的资源。他们很了解自己的孩子。他们所具有的背景信息对儿童如何面对各种经历与环境有着难以估量的影响。儿童的行为方式与其家庭环境有着直接的联系，因此，我们得充分利用这种资源。

我们总是试图尽可能地为家庭和孩子的利益着想，但这一过程受多种因素的影响。不同的父母其教养方式和水平千差万别，对儿童教育的兴趣水平也各不相同。父母们关注儿童所受教育与保育的质量，有的父母会认为教育就是老师的事，一份积极的检查报告就足以博取他们的信任，只有在出现问题时，他们才会参与进来。有的父母喜欢细致入微地跟从孩子的每一点进步，参与孩子发展与学习的每一方面。他们经常到学校访问，参与各种任务和会议。

还有些父母本意是愿意参与学校事务的，但因各种原因，要么被学校搞得焦头烂额，要么感觉无法参与进去。学校里的老师或工作人员可能会错误地认为他们没有参加活动或会议、没有完成老师布置的任务是因为他们没有兴趣。在安排需要家长参加的会议时，一定要考虑他们是否有时间参与（尤其是对上班族而言）。给年轻妈妈们准备日托服务时，应该包括对有关会议的声明，目的是建立并保持与父母的伙伴关系。

我们怀着同一个目标：帮助孩子发展并拓展他们的学习。正像资格与课程委员会（QCA）所声明的那样，基础阶段的一个主要原则是，"父母和教养者应该共同营造一个相互尊重的氛围，以确保儿童能安全而自信

地成长"。为此,我们需要分享有关孩子的信息。如何做到这一点呢?请看下列建议:

- 抓住每一个机会与父母非正式地谈谈。
- 谈论并记录儿童的进步与成就——可以专门为儿童准备一本记录册,里面也可以纳入儿童的作品等方面的信息。
- 作一份简明的记录,从中你可以知道哪些父母你最近没有交谈过,哪些父母占用了你大部分的时间。
- 和你其他的同事或工作搭档分享你得自父母的信息。这其中有些信息可能对孩子非常重要,但又没有正式记录,例如孩子父亲的缺席或是祖母的生病。
- 父母可以通过"家庭日志"对所进行过的活动作一报告。
- 布置一些家庭小作业,例如:"找出……"
- 布置一个区域,儿童、父母或老师可以将各种事件与活动的照片展示其中。还可以制作某一组或一位儿童的相册——与儿童有关的每一个人都可以作出贡献。特殊的事件可以录像,作为一种特别的展示方式。录像过程也可以借助父母们的协助。这样做需要精心组织,但有兴趣的父母也许会自愿参与。大一点的孩子也许会在设计和技术课程中将其作为一个项目承担下来。常规的学校生活"纪录片"只是吸引父母们参与课程的一种手段。

精神和心理上的关怀是一个需要考虑的非常重要的方面。万事如意时父母当然开心。但在事情并不尽如人意时,我们需要帮助父母们支持孩子。教育上的进步是重要的,但是当父母们感受到来自其他父母、老师或媒体关于其孩子的某一方面的能力——例如阅读——的压力时,家庭气氛便会变得凝重,于孩子无益。对于父母们来讲,知道托儿所、幼儿园或学校的期望,了解他们自身如何才能支持和鼓励他们的孩子,如果有问题该向何处求助是非常重要的。

我们也需要反躬自问是否各个家庭对学校环境的每一方面都感到满意。他们是否在文化、语言和宗教信仰等方面与学校相适应?我们是否检核过父母们真正想要的是什么?我们是否总是自以为是地先做决定,并假设父母们会听从我们的指导?如果父母们没有听从或看起来对我们的安排没有兴趣,我们是否问过他们为什么?学校里的安排是否积极地反映了各个家庭的文化、语言和信仰差异,是否与父母们讨论和协商过? 老师们在作各种计划和尝试时是否想过要所有的父母们参与,而不是自动地假设他们会没有兴趣?

下面是一些别出心裁的做法,可以用来与父母们建立良好的伙伴关系:

- 设置一间"家庭室",父母们可以在此见面、休息和分享信息,老师也可以参与进来作非正式的交谈。
- 通过一些小册子、展示物和录像带,让父母们完全了解学校的课程。
- 针对学校里教阅读的方法,设立一个研讨班。这可以让父母们知道在家中如何帮助孩子。
- 鼓励父母们间或留下来观看孩子"工作",这样他们就能够了解教学的目标与方向。提供一份学期活动清单,指出父母或其他家庭成员能怎样提供帮助。
- 邀请父母们给学习区域展示出主意、作贡献。在当地居住了多年的家庭对于有机会为学校作贡献会很高兴,而新搬来的家庭则会产生强烈的归属感。
- 对于"开放日"、家长联谊会和研讨班的主题和时间,可以会同家长们协商,这样做有利于促使尽可能多的家长参与。
- 鼓励家长们借书回去同孩子一道分享。

第6章　协助课程开发、促进儿童发展的各种活动

　　我们之所以要观察儿童,是因为想知道他们能够做些什么,进而作出引导他们向前发展的计划。在第3章中,我们举了一些观察的例子,同时给出了评估意见,即建议了一些可以用来帮助孩子克服困难或完善某种技巧的活动。例如,如果某位儿童在用剪刀剪东西方面有困难,那么我们将提供练习来帮助孩子加强手指肌肉,增强练习的机会。如果孩子注意力不集中,我们可以开发一些游戏与活动,帮助他们练习听的技巧,保持兴趣。如果孩子很难与其他孩子融合,我们会想出一些办法,鼓励孩子首先与另外一位孩子或成人一起互动,再融进一个小组。在每种情况下,我们都会进行观察,以评估孩子的需要,并进而提供活动。

　　接下来我们按年级阶段讲述各种活动,以方便你针对个别孩子选取相应的活动。标题中的年龄只是一个指引。这些活动已经按基础阶段的学习目标分成了不同的发展领域,以利于你课程计划的安排。适于婴儿和幼儿的活动都有。

　　当然,列出来的活动是有限的。希望你能借此给你所照看的孩子们开发出更多的有价值的体验活动。

课程领域——身体发展

　　身体发展意指提高儿童在协调控制自己的身体,操纵和移动身体等方面的技能。

　　在计划活动时,应该考虑给孩子们提供适当的挑战水平。

　　我们需要提供能够以多种方式、在多种情境下使用的资源。计划时

还应考虑到描述动作的语言、身体有残障的儿童的需要、监控儿童的安全而又不干涉他们的独立性。

粗大动作技能

0~1岁年龄组

这个年龄的儿童大都没有什么活动能力,需要大人来发动——抓住他们的手来玩"拍蛋糕"游戏,引导他们的脚做划圈运动——特别是在换尿布时,鼓励婴儿感受自己的脚,在大人抓住时蹦跳。

让婴儿有机会在地上爬行。(对于那些肌肉控制能力较弱的婴儿而言,可以给他们一块楔形的海棉垫放在胸下以作支撑。)

通过提供空间来让婴儿有机会安全地爬行——滚动的玩具能鼓励他们移动。

提供坚固的家具,可以让婴儿试着抓住站起来。鼓励1岁左右的婴儿绕着摇篮走动,提供有安全保障的行走机会,例如让婴儿推动诸如装有重物的手推车之类的玩具。

1~4岁年龄组

继续提供协助幼儿行走的玩具。

通过让幼儿追球,鼓励幼儿运动。年幼儿童喜欢扔东西,可以因势利导,用球来开发一些游戏。

可以在动作中导入语言以表达感受,调整速度或改变方向以避开障碍物,试验不同的移动方法。

唱诸如"摸摸手呀摸摸头、跺跺脚呀动动肩"之类的儿歌以帮助幼儿知晓自己的身体。

可以玩一些"老鹰抓小鸡"之类的游戏。

提供在幼儿园或公园里安全攀爬玩具的机会。

音乐和动作——制作一盘音乐磁带,使其中的节奏、速度和响度有所变化。让孩子们听并跟随音乐做动作——通过引入诸如滑行、爬、跳、高、低、快、慢等词汇(对于年幼的儿童而言,请记住要做一些示范),鼓励儿童获得各种体验。为了扩展儿童关于其他文化的知识,你可以采用不同的乐器。

"躲闪车"——让儿童绕着房间慢走,相互穿行,同时要避免相互撞着。如果空间允许,可以让孩子们慢慢地增加速度,直至跑动。逐渐慢下来。如果孩子们掌握了如何避免碰撞,你可以让他们倒着行走以进一步扩展技巧。

"围圈抓"——让一小组儿童围成一个圈,然后站在圈中间,向儿童扔各种球或布袋(内装小豆子),以促进他们抓和扔的技能。对于年龄较小或动作技能受限的儿童,需要较大的球,让他们抱住。

4~8岁年龄组

可以采用与年龄较小的儿童相同的游戏,但在技能上有增加。这是孩子们一生中极活跃的一个时期。他们逐渐能够在没有大人的帮助下自由地活动。

可以提供安全的、有监控的区域供孩子们跑、攀爬、平衡和跳舞。通过有组织的活动和体育课,鼓励孩子们进一步发展他们的技能。

请记住,总有一些儿童会在平衡和协调能力上有困难,因而要给他们提供可以成功的活动。

"跟着我"——可以在地上布置一些绳子围成的圈,告诉孩子们要避开这些圆圈。让孩子们跟着你,伴随着音乐绕着房间跳跃、跨步、转弯,使用大而夸张的动作,然后让你身后的孩子轮流做领队。

室内/室外活动圈——布置好铁环、滑绳、平衡木、坑道、滑梯等,在孩子们轮番玩耍这些游戏项目时监控他们的安全。年幼的孩子需要较多的成人监护;大一点的孩子可将之作为常规游戏项目,以进一步提高他们的技能。

"围圈抓"——游戏与年幼儿童组相同,但使用更小的球、布袋(内装小豆子)或飞盘。可以让儿童围圈做,或者两两成对玩。

对年满7岁的小孩,可以引入乒乓球或板球之类的游戏,但这类游戏需要大量的练习,而且并非每个小孩都能非常成功。

精细动作技能

0~1岁年龄组

在婴儿够得着的地方放置一些可移动物体或婴儿车、珠子之类的东西,鼓励他们去感受。

鼓励 6 到 12 个月大的婴儿玩成套的试管或烧杯,浮在浴盆上的玩具以及塑料盆和盖之类的东西。使用容易抓握的震动器,选择有多种动作的活动。只要记住一点,所有的幼儿都喜欢用嘴来探索世界,因而要保证玩具的安全性和可洗涤性。

所有的婴儿都喜欢有着明亮颜色能发出声音的玩具,但得注意会不会有刺眼之类的问题。

1～4 岁年龄组

在这个年龄段,儿童获得更多的对精细动作的控制,通常会发展到利手。

操作性的材料,如橡皮泥、黏土、面团,能够帮助他们锻炼手指。

图 6.1   2 岁时,精细动作控制已经发展得较好了

用手指画、打手印、泼画、海绵画、剪切、塞拿等动作都有助于儿童获得控制精细动作的能力。在做剪切动作上有困难的儿童可借助弹簧剪——另外,也不要忘记那些左利手的孩子。

用搭建性的玩具如"乐高"积木、木质积木、玩具砖块锻炼手眼能力。

用桌面玩具如拼板、马赛克拼图、穿大颗的珠子锻炼手眼能力。

图 6.2　教师提供的拼板促进精细动作技能的发展

4~8 岁年龄组

用废旧材料搭建模型。

用蜡笔勾线条图案，用蜡笔涂色。

剪和粘贴——拼图。

制作玩偶。

绘画、蜡笔描画、折纸、编织纸、缝。

玩较复杂的搭建式套装玩具，例如 Meccano 金属模型玩具。

玩较复杂的拼板和马赛克拼图。

所有这些活动都有助于发展儿童的精细操作技巧和手眼协调性，但在这一阶段的末期，儿童游戏的产物（成果）也是重要的。

在计划游戏活动时，一定要预留足够的时间以完成活动，虽然六七岁的儿童可以在活动期间稍作中断。

课程领域——沟通、语言和读写

沟通、语言和读写领域意在通过言语和非言语手段提高儿童的沟通能力,发展他们解读符号的能力以在多种情况(目的)下读和写。

在作活动计划时,我们应该尽可能地创造和利用各种机会来扩展儿童听、说和看的语言能力。获得语言是儿童学习的核心所在。

0~1岁年龄组

对儿童说话并倾听儿童说,这样他们就能了解谈话是一个双向过程。

通过提供音乐玩具来鼓励听的技能。

引入重复性的节奏和歌曲,并以动作来强化。

在临近1岁时可引入一些简单的图画书,书的每一页上有一张熟悉的物体的图片,例如杯子、球、泰迪熊。你也可以自己拍摄一些家中物品的照片,制作成一本书。

在你给婴儿穿、脱衣服时说出身体各部位的名称。

1~4岁年龄组

继续就日常活动进行谈话和倾听。

在唱婴儿曲时,于最后一个字词前停下来,让小家伙有机会进行补全。

唱一些命名曲调,例如《汤米的拇指》、《你们就这样点点头、刷刷牙》等。

引入一些有动作的歌曲,例如《车轮滚呀滚》。利用磁带和故事书——特别是那些带有重复的——来促进听的技能。

在穿衣服时进行语言方面的角色扮演游戏。

4~8岁年龄组

和儿童谈话,注意倾听,使用开放式问题。

引入一些儿童可以参与或是为自己编造的歌曲。

创设一些进行想象性游戏的机会,例如木偶戏,玩诸如商店、咖啡厅、理发店之类场景的游戏。

鼓励儿童对图书产生兴趣,书中的场景与人物逐步复杂化。

使用诸如"Simon Says"(西蒙说)和"Musical Statues"(音乐塑像)之类的游戏,或者是噪音宾果测验(儿童听一段动物或家庭噪音,一旦听到某种特定的声音,就大叫"宾果")来促进儿童听的技能。

玩"字词神探"之类的游戏,让儿童思考每个字或词的发音。

给物品贴标签,这样儿童就会认识到书面的符号代表着文字。

鼓励儿童写下自己的故事和名字——如果书写技能不够,也可以进行录音或录像。

给儿童介绍诗歌和曲调。可以通过创编一些谜语来让儿童思考语言。例如:

"这个单词里有'up'的音,你可以从我的杯里喝东西,因为我是只(cup——杯子)。"

"我有褐色的皮肤,身体坚硬;我在地里长大。当你拿我做菜,把我削成片儿,我是软的、白的和圆的。我是(potato——土豆)。"

举办一次"走遍世界"的活动,让儿童学习如何用尽可能多的语言写"你好"和"再见",以理解符号所代表意义的概念。这也可以扩展到符号语言和图片语言,例如交通标志。

课程领域——创造性发展

在一个丰富的学习环境中,儿童的创造性发展得最好。在这样的学习环境中,成年人给儿童提供体验新材料和新观念的机会。我们需要对儿童的学习步调敏感,保证我们的活动不依赖于"完美的"最终产物。这个领域的学习涉及艺术、音乐、舞蹈、角色扮演和想象性游戏,让儿童使用各种感官并作出反应。

0～2岁年龄组

婴儿使用感官探索世界(感觉—动作阶段)。起初,(这种探索)有赖于成年人通过唱歌,抱住婴儿跳舞,在婴儿车附近悬挂可移动物品或是图片,在给婴儿洗澡或进行某种改变时抚摸婴儿等行为来提供刺激。在婴儿学习坐起和抓握物品时,提供他们那些能发出嘎嘎声的物品或者提供让他们体验到不同质地的声音的活动,这些有助于他们体验自身。可用厨房里的罐、壶、瓶、盆和木匙作为乐器。在孩子两岁时你差不多建起一个乐队了。

在给儿童提供不同的感观材料时,请记住,他们将什么东西都往嘴巴里塞是很自然的事情,因而要避免使用油漆物品。

在出生后的第二年,婴儿获得了对身体的更多控制。他们需要更多的独立性。一旦开始走路,他们喜欢随着音乐跳舞,开始进行一些家务劳动,例如打扫和掸灰。他们开始假装从塑料杯中喝水和给玩具娃娃喂奶。这时,为他们提供简单的反映家庭生活的角色扮演区是很有用的。

婴儿们几乎没有什么"艺术"的概念,但是在12～15个月左右时,他们将学会如何用蜡笔在纸上做记号。他们享受"做"的过程,而不是什么结果。大人们把着婴儿的手在纸上做手印可能是一种很好的纪念品,但很难说有什么艺术价值。将颜料倒在桌子上,让孩子随意抹开——然后把他们的作品印下来,可能是一种很好的方法。

到两岁时,孩子们应该可以使用铅笔、蜡笔、粉笔和颜料进行体验了。在密切监督下,人数很少的小组应该可以决定他们如何使用材料。

2～4岁年龄组

儿童的节奏感更好了,开始喜欢上听着音乐跳舞、唱歌或使用乐器。鼓励孩子思考他们移动的方式——快、慢、高、低。

在使用乐器时,鼓励孩子听声音并思考声音的产生方式——击打、吹、拉、弹。可以试着引入其他国家的乐器和不同的音乐风格——古典的、流行的和他们非常熟悉的儿歌。

鼓励儿童倾听日常生活中的声音——"声音之路"是一种有益的尝试,大一点的孩子可以在回家的路上作记录(见图6.3)。

模仿仍然是这一年龄段的孩子的显著特征,但他们已然开始发挥想象。通过提供各种盒子和宽大的衣服可以扩展他们的角色扮演游戏。

作为一个模仿区,家庭角仍然是有用的,在这里儿童可以放松,能够演出他们的故事,通过将之改变为超市、邮局或者医院,还可以拓展他们"关于世界的知识"。

在创造性艺术中,过程仍然和终端产品同样重要,儿童开始计划他们要做什么。可以提供各种模型材料让他们选择。给他们各种工具:深

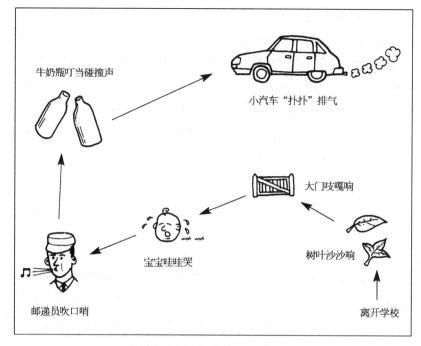

牛奶瓶叮当碰撞声

小汽车"扑扑"排气

大门吱嘎响

宝宝哇哇哭

树叶沙沙响

邮递员吹口哨

离开学校

图 6.3　我们的"声音之路"的记录

色和浅色的颜料、蜡笔、粉笔和木炭笔。鼓励他们混合各种颜色,制造出深色和浅色。使用不同的刺激来激发他们的创造性活动——音乐、故事、木偶。这样就能让孩子选择他们工作的方式。如果你想要展示某一个主题,那么你可以让故事反映主题,但不必详细讲述故事展开的方式。年幼的儿童为了进行选择,他们能够看故事中的图片,等他们再长大一些以后,就可以告诉你他们最喜欢哪些部分并展示给你看。

　　针对这一年龄段的孩子,你也可以开始考虑其他形式的工艺品,例如陶器、编织物和各种形式的印制品。

4~8 岁年龄组

　　到这阶段,他们的音乐和运动能力已取得长足进步,从之前的制造声音和跟随节拍,到了能够跟随节奏和韵律。到 8 岁时,儿童通常能够在木琴上"谱"出自己的节奏了。可以将音乐与戏剧结合起来,儿童将能够学会舞蹈路线,重复舞蹈动作。当然,他们需要有足够的时间来练习新的音律与动作。面对这样一些儿童,你可以通过提供指导,引入不同文化中的音乐来丰富他们的体验。

这个年龄段的孩子还是很喜欢家务角色扮演游戏,但随着他们长大,会越来越多地受到他们所看到的电视和读到的书的影响。他们最需要的是探索的空间,他们通常很善于"伪装"各种道具。一个攀爬架或一段木头能变成几乎任何东西。在教室里,为了参加某出戏剧表演,他们可以制作出面具和服装——可以将这一点延伸至某一个故事的班级成果。这也给我们提供了有关其他国家的传统故事的思考机会——例如,在古希腊神话中,有些故事真是让人激动。

对于4岁的孩子而言,创造性艺术意味着更强调终端产品。他们能够计划并执行一个项目。他们也能成为更好的观察者,因而画生活画是可能的。他们仍需要更多的体验,因而可以引入泡泡印画(bubble printing)、大理石纹印画(marble printing)。

他们在学校里表现出的创造性经常与其他的主体联系在一起——例如以图画来讲故事,有时候还会与印画方式所涉及的技术联系起来。现在孩子们开始形成自己的风格——有些儿童对工作很细致,有些则很夸张。你所要做的便是鼓励所有的儿童喜欢创造性地开展工作。没有哪位孩子会因为觉得自己"不会画"而在使用想象技能上退缩不前的。

课程领域——数学发展

数学技能的发展涉及提供各种能够促使儿童与数学、图形、空间与大小打交道的活动,包括鼓励儿童进行分类、匹配和排序。

0~2岁年龄组

皮亚杰将这一年龄段称为"感觉—运动"阶段。这就意味着儿童的学习过程是通过一种具体的方式来探索、触摸、听事物的名称和看数字。

可以这样谈论日常物品:圆皮球、红汽车。

唱数字歌:"十个脚趾头——一个小鼻头";

"1,2,3,4,5——上山打老虎"。

数数的时候一定要用手指。

爬楼的时候数阶梯。

提供颜色鲜艳、不同材质和形状的玩具,要适合于一开始用嘴,之后用手指来探索。搭积木很适合数数,可以谈论对其搭建和推倒。

形状分类装置可以让儿童练习找到正确的位置——开始可能失误,之后可以通过再认来完成。

叠杯子可以用来教儿童空间与大小的概念(也可以用一些大小不同的旧盒子来完成)。

2~4岁年龄组

给儿童提供各种数数的机会,如:"今天有多少小朋友吃过午饭啦?""我得发出多少个杯子啊?"

在你演示的时候要融入数字,这样孩子们就能看到数字与代表数字的符号间的联系。

练习分类,例如将袜子和鞋子配成对,将玩具清理到正确的箱子里。

到动物园或农家小院,试着将动物分类。(如果有母鸡带着小鸡,还可以告诉儿童大和小的概念。)

玩一些简单的配对游戏,例如扑克牌配对。你也可以自己剪出不同形状的配对用具。(如果有些儿童觉得这样配对太难,你还可以给出另外一种线索——让成对的形状在颜色上也相同。)

你也可以准备一些大一点的二维或三维的玩具——和孩子们谈论它们有几个面,能滚动吗,是扁的吗。

在唱歌中引入计数:

5只小鸭子去游泳;
5个小甜饼出炉了;
5只小青蛙。

这些活动是有用的,可以让小朋友们开始学习减法。

提供装有水的水壶和大小不一的各种水杯,可以帮助儿童形成容积的概念。

4~8岁年龄组

提供有刻度的量杯和量瓶来帮助儿童形成容积的概念。

提供沙子和可均分的各种玩具来帮助儿童形成体积的概念。

建一块标示牌,显示起床、吃早饭、上学、做早操等,来帮助儿童形成时间的概念。

顺序性活动,例如关于尺寸大小的顺序性活动:

绘制从种子到向日葵的生长图(见图6.4)。

出示从青蛙卵到小蝌蚪再到青蛙的图片。

展示婴儿—小孩—青少年—成人的发展图。

(这样的序列也有助于儿童形成从左到右的方向感,而这正好能够为阅读做准备。)

图6.4 从种子到向日葵的成长记录

按不同的特性分类,例如上浮和下沉,能被磁铁吸住和不能被吸住。

引入计分游戏,开始时可以是加分,之后慢慢过渡到减分,甚至乘法。

课程领域——个人、社会和情感发展

创设一种环境,使儿童感觉比较积极,乐于探索和体验,能够独立或与其他小朋友合作,这是良好的幼儿教育活动的核心。如果你开展过观察,那么你所提供的活动应该是有挑战性的,能够使他们感觉良好,但又不至于超过他们的能力范围（因而无法成功）。你的观察应该能够让你警觉到那些在集中注意力上有问题的孩子，如果没有通过观察发现问题，那么久而久之这些孩子可能会出现问题行为。

0～1岁年龄组

活动应该帮助孩子形成对自己的肯定感觉：对他们微笑，玩"躲猫猫"，拥抱他们，在他们想交流时有应答。

提供一面镜子，让婴儿看他们自己是什么样的。

6个月后，让婴儿安全地吮手指。

9个月时，可让婴儿在进食时手里抓一个勺子——当然不能期望这时就能成功。

1～4岁年龄组

继续让他们吮手指、抓勺子，到18个月时，婴儿应当能够更熟练。

通过给娃娃穿衣服等来训练幼儿扣扣子、拉拉链等动作。

在"娃娃家"里提供衣服与家庭用具，以反映儿童的家庭生活，显示这些东西的重要性。

图6.5 出门玩耍时帮忙穿衣服

4～8岁年龄组

不管是训练时还是之后,在孩子自己脱衣和穿衣时,应该留出足够的时间。

举办戴帽子、手套等比赛。

准备和分享食物——4岁时可以是三明治,以后越来越复杂。(可以试试世界各地的食品菜单。)

通过提供需要合作才能完成的挑战性活动,来提升儿童的团队建设与合作能力。4岁时可以让他们"铺铁路",8岁时则可以"搭房子"。

在适当的时间展示儿童的所有作品,这样他们就能分享各种赞美。

课程领域——知识和对世界的理解

这个领域的活动与其他各领域的活动有着密切的联系。主要关注点在于提供各种活动,促进儿童对环境的学习与理解——这正是他们在开展创造性活动,体验不同物质的属性时所需要的。婴儿在寻找与物体对应的名称词汇时,也就是在了解他们周围的世界。随着年龄增长,他们也就能了解更广泛的世界——通过走进社区、接触不同的人,最后通过图书、音像制品、地图、工艺品等来了解世界。

0～2岁年龄组

通过提供多用途材料来鼓励好奇心——小砖块,家用的锅、碗、盆、壶及木勺等。

给物体命名——谈论他们手头上的东西。

利用图书来给他们看熟悉的物体和图片,出示真实的物体并命名。例如:"我们来看球,这是一个球,我们能拿球来做什么?"通过这种方式,儿童将会明白图片可以代表真实的物体。

在确保安全的情况下,让儿童参与你正在做的事情。如果你正在厨房做蛋糕,你可能得将他们放在一把高椅上,可以给他们一个塑料的碗和勺来搅拌。

在你们沿路散步时,向儿童解释路边所见——红色的汽车、猫、邮递员、树木等。

图 6.6　挖"宝石"

图 6.7　分类与分组

如果你正在庆祝中国新年,可以让儿童感受面条和饺子,制作图片,甚至吃上一次。

2~4岁年龄组

这个年龄段的儿童,对日常环境更为熟悉。这时他们能从更细致地探索事务中获益。可以鼓励他们在花园中挖掘、收集树叶、果实、石头,并谈论这些东西的特性。

在将家庭角转变为商店之前,可以参观一下超市。你如果在场,可以告诉儿童机器是如何读出商品价格的。

制作一份幼儿园地图。讨论儿童可以怎样去幼儿园。

在从事创造性活动时,鼓励儿童思考所用物品的不同用途——拿树叶、草、纸片来给娃娃做衣服,用塑料碗来装水、挖土和做房顶。

在提供搭建材料时,还要允许摸索。开始鼓励孩子们做计划,可以根据某幅画来计划。

通过种植种子来调研"生长"。

通过展示录音机、电话和电脑来介绍技术。

4~8岁年龄组

这一时期的儿童应该开始理解书面文字,因而他们能够从使用图书和CD—ROM中获益。如果可能,不妨给他们展示用其他语言出版的图书,以便让他们明白有多种方式书写词汇。

鼓励儿童思考时间这一维度,例如,过去与现在。可以开展一项家庭活动,例如翻看儿童自己的、父母的,甚至祖父母的照片。

可以看一下玩具的变迁——从布娃娃到有内控程序的机器人。

一个道路安全项目可以包括交通信号灯的工作方式、各种交通标志的意义。这能够引导儿童理解我们所使用的其他标志。调查一下当地商店里出售的货品——这些产品从哪里来? 也可以考虑一下我们对废纸的处理——当地有循环处理系统吗?

看使用不同器具的不同烹饪过程,让儿童逐渐了解不同文化的不同饮食习惯。

关注特殊需要

1981 年,教育法案在对有特殊需要儿童的态度和假设等方面作了很大调整。教养机构中对这类儿童更多采用融合与接纳的方式。1994 年的实施法规中也反复提及,学校必须与家长建立一种积极的伙伴关系,拟定(满足)特殊需要的方案,指派特殊需要的协调员。

作为一名早期教养人员,你可能会照料有各种特殊需要的孩子。你需要开展观察,同家长或其他照料者密切合作,计划如何更好地为孩子们服务。

贯穿整个儿童期,提供儿童健康促进和监护系统是必须的。家庭医生、保健探访员、护理人员、学校员工及父母所进行的观察能够在儿童早期鉴别出那些具有特殊需要的儿童。适时适当地帮助可以减缓甚至逆转相应的困难与迟滞。(Dare,1997)

对所有的活动都应进行评价以考察它们在多大程度上适应儿童的需要。这可能意味着为坐在轮椅上或有视觉困难的儿童调整物理环境,或者看看他们在发展维度上达到了何种程度以便简化或拓展相应的活动。

第7章 发展的里程碑：从出生到8岁

在前面几章中，我们讨论了如何以不同形式开展观察。我们讲到了我们所获取的知识如何能够帮助儿童发展，我们所提供的活动如何能够引导儿童进步。作为评价过程的一部分，我们也曾指出，有必要将你的发现同我们所期望儿童在不同年龄阶段能够做到的相比较。

在第3章中，我们参考了 Mary Sheridan、Catherine Lee、Patricia Geraghty、Valda Reynolds 和 Jean Piaget 的工作。有许多关于儿童发展的书籍，重要的是要找到一个好的选择。为了帮助你更好地开展观察，我们对儿童发展的里程碑作了一番总结，供你参考。

虽然我们曾多次提到，但你还是要放在心上的是，正常的孩子们相互之间差别是很大的，所有的孩子都依随一个相同的成长和发展过程，但相互之间在速度上并不相同。发展的各个方面都受到儿童所处的环境和经历的影响。即使物理环境相同，也绝不会有哪两个孩子，有着完全一样的经历，或者受到完全一样的影响。每个孩子都是独特的，以其自身的步调成长着。然而，如果我们要提供最好的机会来促进儿童的发展，我们必须知道，对于每一个阶段的孩子，我们可以有怎样的期望，从而有针对性地提供合适的环境。从这个角度来讲，我们希望能够满足孩子的需要，发挥他们的潜能。在表示儿童的发展顺序时，我们首先用方框标示出发展的领域，再用箭头线标出环境因素影响这些领域发展的方式。

儿童是一个整体，所有方面的发展是同时进行的，但观察通常关注某一领域，为方便起见，我们将之分成五个大的方面：身体、智力、语言、社会和情感。为书写和参照的方便，我们从3岁开始，以整年为单位来描写各阶段。但读者应当记住，我们不应当期望 4 岁零 1 个月的儿童与 4 岁又 11 个月的儿童处在同一个阶段。

有些读者经常希望他们所观察到的行为能在某本参考书上找到用相同语言描述的精确的参照。不会总能如愿，可能需要作一些变通。例如，如果参考书上提到某儿童用砖块搭建的能力，你可以将之与另一位能用罐头和书本搭建的儿童作比较。你也许还需要（在参考书中）前后翻查，看是否在不同年龄组中提到了该技能。这尤其适合于考察儿童的身体发育水平——对身体发育而言，不可能提到每一方面的能力。

最后，应该记住的是，大多数观察和发展阶段是基于笔者在英格兰所进行的儿童研究。各种文化和对儿童的社会期望的因素会影响儿童的发展。关于儿童发展阶段的知识来自于多年来对儿童的观察，反映多种不同的经验。这些知识并非基于什么标准化的结果，例如用来编制成长图或 Sheridan 的发展阶段的知识，这些知识仅明显地反映笔者在自身所进行的训练期间获得的学习成果。Carole Sharman 的工作也是这样，作为一名健康监督员，他使用 Sheridan 的指导筛查那些在发展上有任何延迟的儿童；丹佛发展筛查测验也是这样。本书所有的参与执笔者都受过专业的训练，在儿童教养机构对儿童作过持续的观察。因而，以下的发展阶段纲要尽可能地反映了现在的儿童状况。（参见图 7.1 到图 7.5）

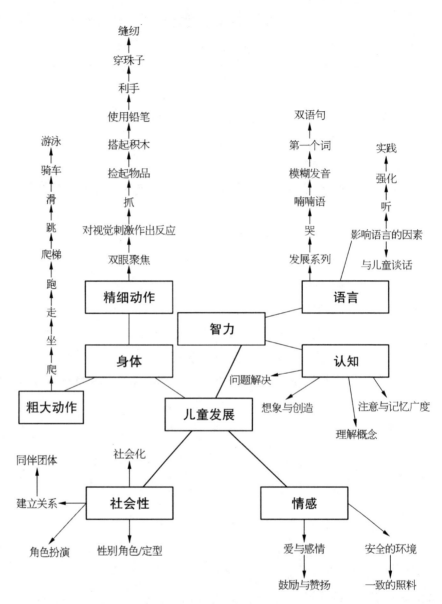

图 7.1　发展的领域

	关键特征	成人照料者的支持
1～6个月	对主要照料者的反应。能从高兴转为不高兴,反之亦然。不舒服、饿或孤单时会哭。以声音的形式表达急切与愤怒。一般很友好。	在安全和稳定的环境中提供常规的照料,提供爱的基础,提供一贯的照料。
6～9个月	对陌生人表现出焦虑。以踢腿和尖叫的方式表达烦恼与愤怒。在等待(照料者的)准备过程和熟悉的事物时开始有耐心。	为儿童的坐、爬提供安全的环境,陪伴。提供爱与情感。给予赞扬和鼓励。
9～18个月	独立成长的孩子在遭到挫折时容易愤怒。孤单时会焦虑。情感上更稳定,当大人注意其他儿童时会嫉妒。可能会娇惯——学会拒绝。	鼓励独立和自信。给出积极的信息以鼓励自尊。看重孩子自身的特性。对行为和规范表现出一致的态度。
18个月～3岁	更多的独立带来更强的情绪感受。愤怒和挫折会导致勃然大怒。会显示出强烈的爱与情感。临近3岁生日时会更冷静——不太会勃然大怒。	帮助孩子相互联系。设置行为的一致的边界,给出可接受行为的合理指导。
3～5岁	非常合作和友好。照搬大人的态度与心境。情感上更稳定和安全。显示出目标与坚持,能跨时间控制情感。	当孩子开始进入幼托机构时提供支持和保证。只要孩子喜欢,经常给予赞许。提供孩子可以成功完成的活动。
5～7岁	自信和独立。会自夸和炫耀。对参与的每件事都追求卓越。能很好地控制情感。6岁儿童稳定性稍差,容易由爱变恨。	提供困难环境中的支持。对所有的孩子,不管其种族、能力和性别,提供反映其自身积极自我印象的活动。

图 7.2 情感发展

	粗大动作技能	精细动作技能
1～6个月	能够抬头以改变姿势。能弯胳臂和腿。仰着时能交替地踢腿。摇动手臂和手。	双眼聚焦。看主要照料者。盯看明亮物体。出现早期反射。跟随动作。专注于视觉刺激。
6～9个月	能够在伸展开的手臂的支撑下抬起头部和胸部。能翻身，能大幅度踢腿，能抬起手臂以让人抓住，能被拉起来坐着，可无支撑地坐住。	观看视野中的小玩具，一旦(玩具)消失则无兴趣。一只手抓住物体，看着它，然后换至另一只手。能用食指指物。
9～18个月	能前后移动，试着爬。能无支撑坐住，保持平衡。可被拉起来站住，可扶着家具侧步走。可被扶着走，然后可单独走。能推和拉有轮子的玩具。可走上和走下楼梯(有人扶)。	玩具消失在视野中时，会寻找。能使用钳形抓握。指物体。能使用大拇指、食指、中指做三角形抓。拍手。能玩积木，搭积木。更精细的三角抓动作。
18个月～5岁	安全地跑。上下楼梯。骑三轮车。踮脚站、跳。扔球和踢球。喜欢音乐和运动。	显示利手。使用精细的钳形抓拣起和放下小物体。翻图书的页面。搭建积木塔。喜欢涂画。能使用剪刀。用线穿珠子。
5～7岁	相当敏捷。能攀爬得很好。平衡。骑两轮自行车。使用拍子和球。	能很好地控制铅笔。能穿针。书写更为成人化。画起来很熟练。

图 7.3　身体发育

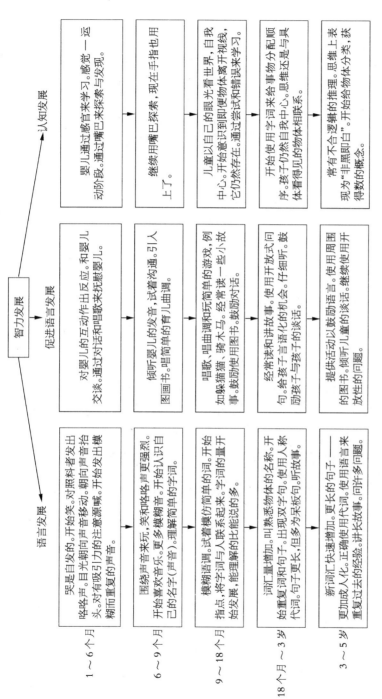

图 7.4　智力、语言和认知发展

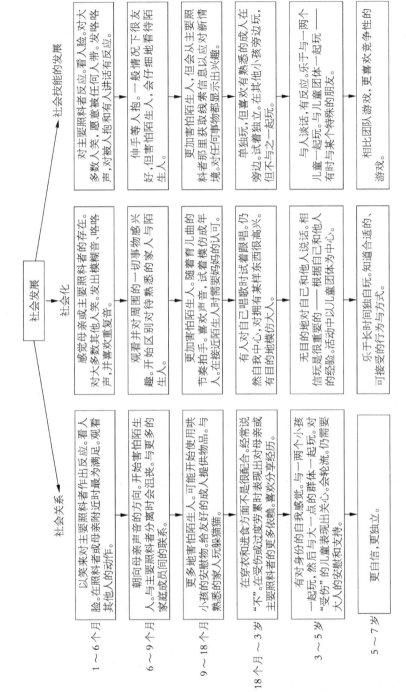

图 7.5 社会发展

新生儿

新生婴儿在各方面都依赖于成年人,例如保护、爱和提供食物。他们的动作基本上是反射性的,虽然最近有研究表示婴儿在出生后不久即能够"拷贝"某些姿势。他们以哭来表达他们的需要。

身体发育

足月生婴儿的身体是圆的,体重平均为 3.4 公斤,身长大概 45～50 厘米。头部占身体的比例较大。

将婴儿拉到坐的位置,脑袋会向后弯;当叉着婴儿的腋窝将之拉直时,他(她)的肩膀能支撑几秒钟,然后松软。将婴儿俯卧放置时,其头部会转向一边,腿会缩向小腹。

仰卧时,头会侧向一边,该侧的手会伸展开来——如果头转向另外一侧,这一侧的手会伸展开。

其他在出生时有但 6～8 周后会消失的反射包括:惊跳、吸吮、抓握。

光——转向光,视野大概为 25～30 厘米。

听觉——转向声音,对语音有反应,尤其是女性语音。

嗅觉和味觉——能够再认母亲的奶,对好的和难闻的气味有反应。

强的触摸反应——许多反射是对触摸的反应。触摸时婴儿大多会感觉舒服。触摸是形成亲密关系的重要影响因素。

一天大约睡 21 个小时。

智力发展

吸吮会带来快乐。婴儿通过喂食过程来学习对光和声音的认识。

表现出对人脸的关注,会模仿——打呵欠、伸舌头。

语言发展

以哭来表达需要,主要照料者通常能将之识别为饿、困、烦、痛和不舒服。

感到满足时会发出咕噜声、带鼻音发声。

持续的、中等音量的成人声音经常可使之安静。

社会和情感发展

总体上依赖成人。

对护理有反应，但不喜欢被过度把持。

喜欢睡觉，清醒时则很警觉。

3 个月大的婴儿

婴儿的清醒时间增长，对自身和周围的环境开始有更多的理解。他们的动作和语言更为审慎。

身体发育

动作更有控制和目的性。早期的反射已经消失。

仰卧时，头部会在中线上，当被拉到坐姿时，几乎没有头部滞后现象。

当被拉到坐姿时，除了腰部，其背部是直的。

踢腿时很有力，但当被拉到站姿时，腿又会在膝盖处弯曲。

双手对称地晃动，想要抓住玩具时，会将双手在胸口交叉。

当被俯卧放置时，会用前臂支撑起以观看周围。

视觉很警觉——目光追随周围的移动物体，会盯着某一静止物体几秒钟。

很靠近地看自己的手，玩手指。

会有防御性的眨眼反射。

会转动头部和眼睛来定位某一声音，大的噪音使其感到沮丧。

可能会整晚睡觉，进食后会清醒较长一段时间。

智力发展

能再认熟悉的声音和物体，喜欢冲澡，对踢腿和发声很兴奋。已经学会了大叫引来注意和安抚。

图 7.6　双手对称地晃动，想要抓住玩具时，
　　　会将双手在胸口交叉

语言发展

能用较大嗓门发声。喜欢咕咕叫和长声尖叫。

知道与大人"交流"，对大人的话有反应。

社会性发展

对笑和咯咯叫有反应。

对任何对自己有兴趣的人都很友好。喜欢与别人玩。

情感发展

更少的自我中心，对周围有更多的反应，但不喜欢突然的大噪音，不舒服和烦恼时会哭。仍然非常依赖熟悉的成人的照顾。

6个月大的婴儿

婴儿现在开始更多地用手探索世界。更好的手眼协调能力可让他们更多地伸手抓东西。他们开始理解他们是与环境独立的个体。

身体发育

仰卧时,会昂起头,抬腿并抓住自己的脚。

俯卧放置时,会将头和胸部都挺起来,能用手掌或伸展手臂支撑。

能够有支撑地坐住,可转动身体以观看周围。

有目的地移动手和手臂,会张开手臂以被人抱起。

在被人拉到坐姿时,会环抱手臂以进行协助。

当被人拉到站姿时,可支撑自身重量,喜欢上下蹦动。

双脚交替而有力地踢。能够由仰卧到俯卧翻身。

能够用整个手掌抓玩具,从一只手递到另一只手。

用嘴巴来探索一切东西。

可能会出现第一颗牙齿。能够咀嚼和较好地吃固体食物。

智力发展

开始对陌生人和情境有反应。

当玩具在视野中,但忘记它是否已消失时,会看看它掉在哪里了。

开始理解原因和结果,例如,摇动手推车会产生噪音。

会对着镜子里的自己笑。

语言发展

会发出悦耳的声音,发出单元音,或单音节,或双音节,例如 1a—1a、da—da, u—u, ga—ga, ah—ah。在快乐或恼怒时会笑、咯咯叫、尖叫。

社会性发展

睡眠减少,需要更多的陪伴(来玩耍)。

对陌生人仍很友好,但有人接近时会开始羞怯或焦虑,尤其当主要照料者不在视线之内时。

情感发展

仍然非常依赖主要照料者、熟悉的人和周围的环境,但开始显示更多独立性,更具个性。

9 个月的婴儿

这一阶段的婴儿更具活力。通过爬、滚等行动来延伸自己的世界。精细的手指控制使得儿童能更细致地探索周围的世界。

身体发育

在地上到处移动。

通过抓住家具、人等,能自己站起来,并能站住。但想走动时会往后摔。

当抓住婴儿并使之站立时,能往前走。

可较长一段时间无支撑地坐住,能前倾以抓住某一玩具而不致失去平衡。

能使用拇指与食指钳取小物体,能用食指指物。

在喂食时试图抓住勺子。很熟练地咬自己的手指。

智力发展

对周围环境非常有兴趣。在探索时,显示出很大的决心和好奇心。

仍然用嘴来检查事物。

会搜索超出视线的玩具。

会模仿拍手,会挥手再见,并懂一点意思。

语言发展

有意识地发声。大叫以引起注意。

有语调地咿呀学语:爸—爸—爸,妈—妈—妈。这主要是儿童在自娱自乐,当然也表示他们能够再认主要照料者。

模仿双向谈话中的声音与顺序。

理解"不"和"再见"。

社会性发展

对熟悉的成人和儿童感到高兴,表现出社会性接纳,但对陌生人可能会羞涩。这会表现为靠近照料者和把脸藏起来。通过大喊大叫,爬起来或拉扯成人的衣服来引起注意。

可以玩拍手或躲猫猫游戏。

情感发展

婴儿已经变得真正从心理上依附于家庭。在家庭成员爱的包围下他们感到安全,因而对陌生人有更多的警觉。

更多地寻求独立,如果不能做他们想做的事,他们会因恼怒而往后倒,脸色木僵。

1 岁大的婴儿

经过近一年的水平发展后,婴儿开始直立发展,开始挣扎着学习走路。他们越来越多地使用语言,充满热情地体验着他们有限的语言。

身体发育

坐已经没有任何问题,可以自己从躺着到坐起来。通常能够爬得很快。

能够被拉着站起来,扶着家具也能站直,但让婴儿自己走时容易跌倒。

可以扶着家具侧行。拉着手也能走得很好。能独自站立几秒钟。

也许能够爬上楼梯(13~14 个月)。

能用简练的食指钳(大拇指和食指)捡小物品。

进食技能:能够抓住杯子,给予少许协助即可饮用。能抓住勺子但不能自己进食。

穿衣服时能够提供协助,例如,伸着胳臂等着穿袖子。

或许一天只需要睡一次。

智力发展

不像以前那么频繁地用嘴探索物体。

放手或丢出物体并观看物体降落,在物体消失在视野外时能往正确的区域寻找。

喜欢看窗外,看汽车、人等等。

开始对书中的图片感兴趣。知道自己的名字,能对之作出反应。

有很多模仿。喜欢声音,喜欢能发出声音的玩具。

语言发展

大声地、有语调地、连续地发音。理解简单的命令,例如"来爸爸/妈妈"。

或许能够说两三个有意义的词(名词),例如妈妈、爸爸、兄弟姐妹或宠物的名字,能理解的则更多。

社会性发展

对陌生人容易害羞——喜欢看到熟悉的成人或听到他们的声音。

喜欢有观众,有人笑时会重复动作。会玩拍手游戏,能挥手表示再见。

情感发展

有基本的情感,对主要照料者注意力转移时会产生嫉妒。

随着运动能力的增长,有了一定的独立性,但是需要能够感到既可探索又能返回到受保护状态。

在努力自己进食的过程中,展示了他们力求独立的本能。

15 个月大的婴儿

处于这个年龄段的婴儿,通常能够走路了,虽然不稳,但足以让婴儿自己感到骄傲了。他们的行动能力和不断增长的好奇心使得这一时期既令人激动,也让人不安。

　　随着他们探索世界的脚步越来越大胆,他们对照料者的命令也越来越多。他们得学会自律、适应社会要求,这一步处理不好会导致接下来的两年产生负面行为。

身体发育

　　能独自迈开脚步行走,并借助张开的手臂来保持平衡,但进步还是有限,经常会跌倒或是碰到家具。

　　婴儿会往后坐倒(来放倒自己),也会往前摔成爬的姿势。

　　能够爬楼梯,会跪着玩玩具。

　　能够推着一辆大的玩具卡车,但不会控制方向。

　　能用食指钳捡小物品。

　　能用手掌抓住蜡笔,有纸的话还会在上面做标记。

　　能抓住两块积木,将一块放在另一块上。

　　协助穿衣。能将勺子送往嘴巴,并在勺子打翻之前获取一些食物。

　　还不会扔,只会撒手来松开玩具。

智力发展

　　现在,儿童不再那么喜欢用嘴巴探究世界了,更多地使用手指。

　　在被问到时,能指出熟悉的玩具和物体。

　　对周围的任何事物都充满好奇——人、物体和事件——例如外出旅行。

　　不会将玩偶和婴儿联系在一起——会拎着玩偶的胳膊、腿和头发。

语言发展

　　会大声连续地发音,且声音变得越来越复杂。

　　能说大约2~6个单词,但能理解的更多,例如,能对简单的要求做出反应,能指出他们想要的东西。

　　能再认熟悉的歌曲、旋律。

社会性发展

　　喜欢熟人陪伴,喜欢吵闹和被注意。

　　试图参与游戏和旋律。

情感发展

开始了一段情感不稳定期。可能会变得消极、不合作或者你让他向东他偏往西。一直到 3 岁前，婴儿的脾气都不稳定。

非常依赖于成年人的安抚。

18 个月大的婴儿

在动作发展上，婴儿获得了更多的技能和信心（见图 7.7），词汇量逐步增加，对世界有更多的了解。情感上仍然很依赖主要照料者，需要大量的安抚。如果在这一阶段，他们能有依靠，就能发展出稳定的自我价值感，从而使他们在将来充满自信。

图 7.7　18 个月大的婴儿。儿童获得更多的动作技能与信心

身体发育

无须张开手臂来保持平衡也能走得很好。

能够弯腰走过去捡玩具,不会跌倒。能手扶着走上楼梯,但只能爬下来。

能推和拉(即倒退着走)大的、有轮子的玩具,但是不能绕开障碍物。

能爬上椅子,并转身坐下。

能用食指钳捡小物品。

能抓住铅笔并涂画,大多数时间使用利手。

能控制大小便。开始显示出对细节的兴趣。

能用勺子给自己喂食,并可将大部分食物送入嘴中。

试着自己脱鞋和拉掉袜子。

智力发展

对探索环境充满了好奇和信心,对事物的属性也有了更多的理解。

很喜欢将物品装入某一容器,然后又倒出来。

喜欢有日常物品的图片的书,能翻书页,基本上一次翻几页。

模仿简单的日常活动,例如开汽车,打电话。

能用三块积木或其他物品(例如小盒子)搭建一座塔。

能指出身体的几个部位,例如鼻子、眼睛、耳朵等。

语言发展

在玩的时候会不停地发出咕噜声。

能使用 6~20 个单词,但能理解的更多。

喜欢音乐旋律,试图参与其中。

试图唱歌,能再认电视中的主题曲。

遵守简单的要求,例如:"去把爸爸的钥匙拿来。"

社会性发展

能够独自一个人玩得很好,但喜欢有熟悉的成人或兄弟姐妹在旁边。

在其他儿童旁边玩，看上去喜欢有伴，但不会同他们一起玩。

喜欢唱歌、听音乐旋律和同大人一起看书（喜欢个别注意）。

情感发展

非常依赖于熟悉的成人，但同时又喜欢独立，这会导致冲突。

喜欢拥抱、好玩的游戏、逗痒、躲藏、追逐。

2 岁的儿童

2 岁的儿童在智力发展上已取得巨大的进步。他们正在学习构建简单的句子，这将成为他们在 3～4 岁时发展语言流畅性的基础。2 岁的儿童仍然对世界充满好奇、不知疲倦、喜欢大量的身体运动，但只能对活动保持较短时间的注意力。

身体发展

能够安全地跑动，在避开障碍物上更为老练。

喜欢爬到家具上面。

能走上和走下楼梯——需两脚同时站到一级楼梯上。

能推和拉大的有轮子的玩具，有更强的方向感。

能将球扔过头顶，能踢球。

坐在小的三轮车上，但用脚而不是踏板来驱动。

使用利手的大拇指及食指和中指来抓握铅笔。

能涂画圆和点，经过练习还能画竖线。

能有效地用勺子进食、饮水和咀嚼。

通常能够控制大小便，可在白天保持干净。

会穿袜子和鞋（有时候会穿反）。

智力发展

喜欢图画书，认识更小的细节——翻书时更慢了。

对周围环境感兴趣，但对危险没有什么感知。

对延迟即时的愿望没有耐心——不能等待。

图 7.8　早餐时一起看书

参与简单的角色扮演游戏。

搭建六七块积木的塔。

能指出身体的部位，包括膝盖、眉毛等。

语言发展

言语更清晰。

使用 50 多个单词，能理解的更多。

将两个或更多个单词放在一起以组成句子。

开始带着兴趣听周边人讲话，对针对自身的谈话有反应。

用名字指代自己，在游戏中不断地谈话。

经常问物品和人的名字以学习新词汇。

参与熟悉的旋律和他们喜欢的歌曲——经常讲的一个词就是"再来"。

会执行指令——当他们喜欢时！

社会性发展

满屋子跟着照料者，模仿，需要注意。

做完某事后喜欢来自成人的反应。

乐意在其他孩子附近玩,但又不一起玩——这就是所谓的平行玩。

不愿意分享玩具或大人的注意,什么事都想一人独享。

情感发展

仍然需要许多注意、安抚和爱。

非常依赖于成人,会因成人将注意投向他人而嫉妒。

变化无常,可能会上一秒亲你一口,下一秒则咬你一口。

2 岁半大的儿童

这个年龄的儿童可能会寻求着某种平衡,一方面依赖于熟悉的成人,一方面又开拓自己的世界,花时间与其他成人或儿童一起玩。身体发育已经往前迈进了一大步,大多数时候能明白言语,仍然经常需要熟悉的环境提供的安全感。

身体发育

经过练习,身体运动技能大幅度提高。

能很好地上下楼梯,但需双脚落在同一级楼梯上。

跑得很好,有效地停住,通常能避开障碍物。

能够攀爬幼托机构或公园的游乐设施,但到顶部时可能会左右为难。

能双脚并在一起跳一小步。

能有点方向感地扔球和踢球。

能用手和器具熟练地进食。

上厕所时能拉下裤子,但在将裤子拉起来时有困难,需要协助。

通常白天能保持干净,或许晚上也能(这个方面,儿童的差异很大)。

智力发展

还是很难理解日常危险,也不愿等待某样东西——包括注意。

能搭建 7 块以上积木的塔。

喜欢有详细细节的图画书。

能抓住圆鼓鼓的铅笔，能照样画出水平线和圆。

认识照片中的自己，知道自己的姓和名。

更持续的角色扮演——这种角色可以来自生活，也可能来自电视。

能有意义地玩一些小玩具，例如农家小动物和塑料卡通角色，会加上自己对故事的评价。

语言发展

能使用200多个单词，能辨认的则更多。

老是问"什么？""谁？"

在对话中能正确使用"我"和"你"。

能哼少量儿童歌曲——有大人鼓励时可哼更多。

社会性发展

看其他小朋友玩耍，偶尔会参与几分钟，但对分享游戏并没有真正的兴趣。很高兴与大人或大孩子玩耍，只要后者能给予充分的注意，能让他赢。

情感发展

还是很依赖成人。

受挫时易发脾气，不太容易受干扰。

3 岁的儿童

3岁的儿童更敏捷、更协调。语言成为一种越来越重要的工具——语言开始具有重要的社会功能，如果语言发育受滞，儿童会发现自己很难交朋友、参加团体活动或是遵从来自成人的较为复杂的指令。所有这些都是非常重要的，儿童得通过这些方式走出家庭圈，开始团体游戏——通常始于这个年龄。如果儿童不能使用或理解语言，可能会导致反社会行为的持续。

身体发育

能够双脚并在一起跳，能踮起脚来站立或走路，可单脚立。

能很好地使用攀爬架。

在跑动或推玩具时能避开障碍物和墙角。

能两脚交替着爬上楼梯,但下楼梯时仍然需要两脚同时站到同一级上。

经过练习,能够骑三轮车或者有支架的自行车,能强力踢球,能抓住和使用剪刀。

晚上不尿床,当然也有些儿童会尿床(尤其是男孩子)。

能拉起和脱下裤子。

如果扣纽扣,则需要帮助。

会自己洗手,但需要有人帮忙来擦干净。

如果条件许可,能使用一些技术性设备,例如计算机。

**图7.9　3岁的儿童:玩创造性、想象性的游戏,
会设计人物和物品**

智力发展

开始有一些明白过去与现在的差别,愿意等待别人的注意,还是需要糖果等物品,愿意玩荡秋千等活动(这一方面发展得并不成熟,3岁儿童在理解与人分享上仍有困难)。

能搭建9块积木的塔,能依样搭建一座桥。

喜欢用积木、盒子等玩有层级的游戏,其间可发挥想象力。

能打出一些常用的手势,例如胜利、再见。

能画出有头部、有一个甚至两个身体的人像。

能将颜色匹配起来,通常能命名两三种颜色。

喜欢用手指或刷子画画。

玩创造性、想象性的游戏,会假设一些人物角色和物品。

能数到10甚至更多,但对大于2或3的数字的实际意义知之甚少。

能安静地听故事,喜欢重复听。

知道一些旋律和歌曲。

能讲出自己的姓名和性别。

语言发展

词汇量扩大,能为他人甚至是陌生人所理解。

能使用名词和名词的复数形式,但会过度泛化,例如"Sheeps"。

通过问简单的问题来发起对话,例如问"谁"、"为什么"、"什么"、"哪里"。

讲话时开始通过改变语调来引起别人的兴趣。

社会性发展

出现更多的合作性行为——喜欢帮助成人进行某些活动。

开始参与其他儿童的活动,愿意分享,但仍限于小团体。

情感发展

情感更稳定,更容易控制。

情感上的成熟表现为友善、社会性和取悦他人的意愿。

对主要照料者、兄弟姐妹和宠物满怀深情。

安全感更强,因而可以同其他人一起分享和玩耍(一旦儿童不舒服或感觉不确定——例如到了一个新环境或遇到不熟悉的成人,就会逆转)。

4 岁的儿童

经历过 3 岁时的情感与发展稳定期后,儿童在 4 岁时又会展示一种行为的波动模式。他们努力地追求着像 5 岁儿童那样在言语、社会和情感上的自信心,4 岁儿童可能会表现"一种自负的、武断的,甚至是专横的炫耀"。他们的心理活动很活跃,想象很生动,意愿很强烈,但是他们不稳定的情感透过不恰当和夸张的言语表露无遗。

身体发育
敏捷:跑动时可以急转弯,能够单脚跳、踮起脚、爬树和梯子。

能够双脚交替充满信心地上下楼梯。

很老练地骑三轮车,会踩踏板,能够避开障碍物。

玩球类游戏的技能大有长进——抛投、抓、击打和踢,并且方向感不错。

能很好地握住铅笔,像大人一样。

能用线穿小珠子,经过练习能很好地使用剪刀。

能洗手和擦干手,但大多数时候太过匆忙,只当完成任务。

除了不能系鞋带和扣背后的扣子,4 岁儿童自己穿衣和脱衣都没有什么问题。

智力发展
对过去、现在和将来有了一个基本的了解。

能搭建 10 块以上积木的塔和桥。能依样搭房子。

能玩很复杂的沙盘游戏,会用手边有的各种材料搭建沙盘场景或角色。

会在很长一段时间内玩创造性的、想象性的游戏。

模仿各种手势,例如表示胜利的 V。

描画可辨认的房子,画人时有头部,还可能会有身体、腿和胳膊。

开始给绘画作品命名,动手绘画前还会计划一下模型。

能够正确地匹配和命名四种颜色。

认得圆形、方形和三角形,并且会命名。

能说出自己的姓名、住址和年龄。

能够记得最近发生的事件。

有时分不清现实与想象,但能够对长的故事作前后关联。

喜欢笑话。

能数到 20 甚至更多,或许已经理解到 4 和 5 了。

喜欢学习新的技能,例如计算机游戏。

语言发展

言语清晰可辨,而且重要的是语法正确。

在个别发音上可能仍有困难。

总是在问:"为什么?""什么时候?""怎么样?"

喜欢新词汇,在讲故事或为了将某种不知道的事物融入情景时会创造性地使用词汇,例如将一匹骆驼描述为"带土堆的马"。

社会性发展

喜欢其他孩子和大人的陪伴,但合作与冲突交替发生。

理解用言语而不是用发火来表达需要。

能够分享和轮流,但可能会采取欺骗的手段来赢——这在某些游戏中会特别明显,例如走迷宫。

对受伤害的朋友会显示出同情。

情感发展

处于情感不稳定期,表现为放肆、粗鲁而不是发脾气。

行为更为独立、有自己的意愿,这可能会导致冲突。

5 岁的儿童

如果在合适的环境中成长,5 岁的儿童会很自信,有自控力。家已经不能满足他们的好奇心和对知识的渴望,他们已经准备好上学,作更广泛的体验。在取得一定的独立性后,他们能够与更大的团体相处,不再需要这么多的成人注意——虽然他们总是喜欢夸奖,对自身成就感到骄傲。

身体发育

动作精细:能够踮起脚轻轻地走,可以沿着一条窄线走。

在爬、旋转和滑行上很熟练。

能够伴随着音乐的节律舞动。

瞄准目标后踢球和扔球的能力大幅度长进。

能够很好地控制铅笔、蜡笔和刷子。

会穿大一点的针眼。

新技能发展得很好——录像机、电脑。

通过练习会使用刀叉。

会洗脸和手,并能够自行擦干,能穿衣和脱衣(可能在系带子时需要帮助)。

智力发展

画人时有头、有脸、有身体、有胳膊和腿,可辨认。

能创编图画——画面中通常有人物、房子、花,天空中还有一个大太阳。

下笔前会决定画什么——虽然经常看邻座并"借用"别人已经画好的部分内容。

开始区分正确与错误。

喜欢有规则的游戏。可能仍会试图"欺骗着赢",但会意识到"那不公平"。

能够清楚地涂颜色,不越过界线。

至少能够命名四种颜色。

能命名并画出圆形、方形和三角形。

能写少量的字母——通常是拼出自己的名字。

会用一只手的手指和另一只手的食指数数。

喜欢有人读故事或讲故事，随后还会演出来。

显示出很强的幽默感，喜欢讲"笑话"。

理解整洁的需要，但是通常要有人不断提醒才能保持整洁。

认识到时间与日常事件间的关系。

语言发展

言语流畅，语法正确。

喜欢新词汇，学歌学得很快。

经常问新词汇的意义。

认识少数写下来的词汇，自己也开始写一些。

社会性发展

已经能够融入更大的团队，准备选择朋友。

对自己的成就和拥有的东西自豪。

大多数时间能与朋友合作，理解规则的必要性。

对幼小儿童和宠物表现出兴趣，在他(它)遭受伤害时表现出关心。

情感发展

更敏感、更自控。

要独立，准备好迎接挑战，但是需要夸奖和鼓励。

6 岁的儿童

从身体上说，儿童更为成熟，对动作更有控制感，但成长的速率减慢。情感上，儿童又进入了一个剧变期。在 5 到 7 岁之间，儿童思维和感受的方式有一个大的变化，6 岁儿童可能会体验到在保持情感行为的平衡方面的困难。他们心情阴晴不定、行为狂躁、常做噩梦。然而，我们可以通过引导他们投入对新事物、新观念的兴趣，鼓励他们通过探究与学习来宣泄能量。

身体发育

精力充沛、劲道十足，总是风风火火。当然，身体的协调性很好，手眼动作协调,因而在有球和球拍的游戏中做得不错。

女孩和男孩一样的躁动,只不过女孩会将能量发泄到翻筋斗和跳舞等方面,而男孩则进行摔跤等。男孩们经常"玩"战斗——因为不知道什么时候停止,经常以眼泪收场。不同的文化和社会环境会期望并塑造孩子们不同的行为方式。

这些冲撞与身体活动会让孩子们筋疲力尽,但他们不愿意放手休息。

儿童开始换第一颗牙齿。

智力发展

因为能量过剩,孩子们容易分心,因而最好采取探究式学习。他们的心理很活跃,能够很容易地从一种活动转移到另一种活动,但6岁的儿童能够隔天完成任务。作决定不像以前那么快,需要更多的思考——这显示出儿童在权衡多种可能性方面更趋成熟。

这时候的儿童绘画更具现实性、更复杂,并开始填充颜色。

在喜欢故事的同时,开始对阅读感兴趣。

开始学习写字母,但老是写反。

对数字符号有了更好的了解,喜欢化装类的游戏。

语言发展

6岁儿童喜欢讲话,但这个时候的语言已经拓展到阅读和书写。有很多关于如何教小孩阅读的研究。至今并没有找到最理想的方式,但如果儿童置身于存在各种不同语言的环境中,周围的人们也表现出喜欢阅读,那对儿童是有帮助的。

社会性发展

这是一个艰难的社会发展期,朋友结交得快,散得也快。儿童经常与一个而不是两个朋友玩得更好。一旦闹翻,男孩们喜欢打架,女孩们则会采用言语攻击,经常会听到"你不要来参加我的聚会了"之类的话语。这个时期的儿童喜欢聚会和社会活动,也容易因此而受伤。

6岁的儿童渴望夸奖和认可,总是喜欢赢。来自老师或家长的注意能鼓舞他们,但有时会使得他们难以矫正错误。

情感发展

心智进一步成熟,儿童逐渐能够看到问题的多个方面。这会让他们犹豫不决、缩手缩脚。因而 6 岁的儿童非常依赖于成人的指引和指导。这种压力有时会表现为睡觉时做噩梦,很恐怖的那种。

6 岁的儿童经常会通过语言和剧烈的身体动作来发脾气,有时也会表现出很温和、很关切的样子。

7 岁的儿童

7 岁的儿童思维更清晰,个性更稳定,能够长时间地集中注意力。这个阶段的儿童,正处于皮亚杰所说的从思维的前运算阶段转入具体运算阶段。这就意味着他们能够以多种方式分类,这有时会导致混乱与迷惑。

身体发育

不太喜欢乱冲乱撞了。

为了做好某个动作,会练习好多次。

更好的协调能力意味着他们在玩有球和球拍的游戏中更老练了。

智力发展

如今,儿童已经进入了皮亚杰所说的具体运算阶段,这使得他们可以储存、提取和重组各种经验以适应面临的新挑战。

因为对结论有了一种洞察式的理解,他们经常会一遍遍重做一些事情,试图做出"完美"的事情。

语言发展

使用语言更合理,一旦认为不公平还是会大喊大叫。

喜欢别人读故事时的激动感,自己也能读得越来越多。

喜欢有大英雄的故事。

对字词感兴趣——例如诗歌。

能够为自己写故事。

社会性发展

很好的自我知觉——不再喜欢因别人而改变。

更能了解别人的需要与感受,喜欢帮助别人。

不再依赖家庭的安抚——急切地想取悦老师和老朋友。

有一帮朋友——准备好去加入某种团体。

情感发展

个性发展得相当好。

仍然不是一个好的失败者。(不会应对失败。)

吸收得多,放出得少,因而显得更安静了。

更强的是非感。

在沮丧时更多的是生气而不是爆发。

因为对将要发生什么有更强的想象力,因而可能会害怕置身于新环境中。上新学校时会因此出现问题。

参考文献

Berryman, J. *et al.* (2002) *Developmental Psychology and You*, (2nd edn). Oxford: Blackwell.

Brain, J. and Martin, M. (1989) *Childcare and Health for Nursery Nurses*, (3rd edn), Cheltenham: Thorne.

Dare, A. and O'Donovan, M. (1997) *Good Practice in Caring for Young Children with Special Needs*. Leckhampton: Stanley Thornes.

Fishbein, H. (1984) *The Psychology of Infancy and Childhood: Evolutionary and Cross-cultural Perspectives*, Hillsdale, NJ: Erlbaum.

Geraghty, P. (1988) *Caring for Children* (2nd edn). London: Baillière Tindall.

Grieve, R. and Hughes, M. (eds) (1990) *Understanding Children*. Oxford: Blackwell.

Lee, C. (1990) *The Growth and Development of Children* (4th edn). Harlow: Longman.

Ott, P. (1997) *How to Detect and Manage Dyslexia*. London: Heinnemann.

Piaget, J. (1926) *The Language and Thought of the Child*. New York: Harcourt, Brace.

Ramsay, M. *et al.* (2002) *Essentials of Behavioural Assessment*. New York: John Wiley & Sons.

Reynolds, V. (1994) *A Practical Guide to Child Development*, vol. 1: *The Child*. Cheltenham: Thorne.

Sheridan, M. (1980) *From Birth to Five Years*. London: NFER.

Sheridan, M. (1995) *The Developmental Progress of Infants and Young Children* (3rd edn). London: HMSO.

Tough, J. (1976) *Listening to Children Talking*. London: Ward Lock

DfEE with SCAA (1996) *Nursery Education: Desirable Outcomes for Children's Learning on Entering Compulsory Education.* London: DfEE and SCAA.

Hants C. C. (1998) Hampshire Guidelines (1998): *Early Years Plan and Partnership: Learning Together from the Beginning.* Hants County Council.

Surrey Early Years Guidelines (1998): Children First. Surrey County Council.

推荐读物

Bee, H. (1992) *The Developing Child*. London: HarperCollins.

Davenport, G. (1988) *An Introduction to Child Development*. London: Unwin Hyman.

Hobart, C. and Frankel, J. (1992) *A practical Guide to Working with Young Children*. Cheltenham: Thorne.

Laishley, J. (1987) *Working with Young Children*. Sevenoaks, Kent: Arnold.

Lindon, J. (ed.) (1993) *Child Development from Birth-Eight: A Practical Focus*. London: National Children's Bureau.

Matteson, E. M. (1989) *Play with a Purpose for the Under Sevens*. London: Penguin.

Meadows, S. (1986) *Understanding Child Development*. London: Routledge.

Smith, G. and Gowrie, H. (1988) *Understanding Children's Development*. Oxford: Blackwell.

学前教育及幼儿园教师用书

李季湄主编日本学前教育系列丛书

适用:教育政策指导部门 教师用书 幼儿园教学设计

与孩子们共同生活——幼儿教育的原点	34.00 元
以游戏为中心的保育——从保育记录出发进行解读	24.80 元
幼儿工作者的视野——置身教育实践的记录	29.80 元
提高幼儿教育质量	24.00 元
未来的幼儿教育	22.00 元

幼儿园教师读物

适用:幼儿园教师实用手册 教学观察 主题活动设计 教师教案

理解儿童的行为——早期儿童教育工作者指南	24.00 元
观察儿童——实践操作指南(第三版)	22.00 元
幼儿园决策与规划	28.00 元
教出品行良好的孩子——主题活动设计(教案)	36.00 元
幼儿园家长开放日活动的研究	34.80 元
幼儿园与家庭、社区合作共育的研究	24.80 元
在游戏中评价儿童	29.80 元
在游戏中发展儿童	49.80 元
阅读与儿童发展	40.00 元
寻找合适的幼儿园	28.00 元

幼小衔接系列

我要上小学啦:语文准备知识(含盘)	19.80 元
我要上小学啦:英语准备知识(含盘)	29.00 元
我要上小学啦:数学准备知识	14.00 元

幼儿园园长管理丛书

适用:园长培训 幼儿园管理规划

幼儿园管理创意设计	38.00 元
早期教育中的领导力(第三版)	29.80 元
幼儿园管理——儿童发展中心管理学(第五版)	58.00 元
幼儿园决策与规划	28.00 元

西方幼儿教育经典

适用:学前专业教学用书 教师指导

让我们与儿童一起生活吧:幼儿园之父福禄培尔	36.00 元
福禄培尔幼儿教育著作精选	48.00 元
蒙台梭利幼儿教育著作精选	58.00 元

学前教育国际视野丛书

适用:教师用书　前沿理论　学科发展

中国视野下的学前教育　　　　　　　　　　　　　24.80 元

生态学视野下的学前教育　　　　　　　　　　　　38.00 元

国际视野下的学前教育　　　　　　　　　　　　　38.00 元

建构主义视角下的学前教育　　　　　　　　　　　48.00 元

儿童心理学经典读物

适用:儿童心理教育　教师用书

儿童心理学手册(第六版)第一卷:人类发展的理论模型　225.00 元

儿童心理学手册(第六版)第二卷:认知、知觉和语言　　225.00 元

儿童心理学手册(第六版)第三卷:社会、情绪和人格发展　225.00 元

儿童心理学手册(第六版)第四卷:应用儿童发展心理学　225.00 元

认知发展(第四版)　　　　　　　　　　　　　　　50.00 元

学习与认知发展　　　　　　　　　　　　　　　　28.00 元

母爱的力量:母爱如何塑造和促进婴儿的大脑发育　　29.80 元

男孩,你为何沉默寡言　　　　　　　　　　　　　29.80 元

十字路口的顽童　　　　　　　　　　　　　　　　26.00 元

儿童心理学魔法书　　　　　　　　　　　　　　　36.00 元

当代学前经典译丛

适用:教学科研　瑞吉欧教育方案　婴幼儿发展　西方学前教育改革　课程设置　儿
童认知

幼儿园教师与儿童的认知风格　　　　　　　　　　29.00 元

把学习带进生活——瑞吉欧学前教育方法　　　　　30.00 元

摇篮里的科学家——心智、大脑和儿童学习　　　　27.00 元

让儿童的学习看得见——个体学习与集体学习中的儿童焦虑的

　　10 种简明应对方式　　　　　　　　　　　　　39.80 元

早期儿童课程——综合多元智力、发展性合理训练与游戏　39.80 元

《学前教育课程》(第三版)　　　　　　　　　　　61.00 元

生成课程　　　　　　　　　　　　　　　　　　　30.00 元

超越早期教育保育质量——后现代视角　　　　　　26.00 元

婴儿世界　　　　　　　　　　　　　　　　　　　27.00 元

21 世纪的儿童早期发展——当前创新性研究的概评分析　49.50 元

麦格劳——希尔家庭教学　　　　　　　　　　　　33.00 元

发展的研究方法(第二版)　　　　　　　　　　　　52.00 元

游戏与儿童早期发展(第二版)　　　　　　　　　　42.00 元

早期儿童教育指导——基于问题解决的方法　　　　49.80 元

让学生投入、参与、兴奋的 180 个创意　　　　　　33.00 元

以上图书在淘宝、当当等网站均有销售,欲查询详细信息,请登录:

http://ecnup.taobao.com/华东师范大学出版社淘宝官方网站